Arbeiten wie bei Honecker,
leben wie bei Kohl

Thomas Roethe

Arbeiten wie bei Honecker, leben wie bei Kohl

Ein Plädoyer für das Ende der Schonfrist

Eichborn.

Umschlaggestaltung: Christina Hucke
unter Verwendung eines Fotos von Andreas Kämper
Lektorat: Palma Müller-Scherf / Ulrike Streubel
Satz: Fuldaer Verlagsanstalt GmbH, Fulda
Druck und Bindung: Wiener Verlag, Himberg
ISBN 3-8218-1609-0

Verlagsverzeichnis schickt gern:
Eichborn Verlag, Kaiserstraße 66, D-60329 Frankfurt am Main
www.eichborn.de

Inhalt

Einleitung

Dies ist kein Bericht über die Unterdrückung in der ehemaligen Deutschen Demokratischen Republik, deren Bewohner sich zum großen Teil in ihr einzurichten wußten, wenn sie nicht die lebensgefährliche Flucht wählten. Es ist auch kein Bericht über die Heldentaten der verbliebenen Bewohner. Vielmehr berichte ich über die existentiellen Lebensphilosophien der Bevölkerung der Deutschen Demokratischen Republik, die in furiosem Ausmaß aus deutschen Stammlanden eine Subkultur der dritten Welt gemacht hat; über ein Staatswesen, das überall zum Gespött wurde und gleichwohl für Furcht sorgte, über eine Bevölkerung, die allenthalben in verdrehter Weise der spießigen Restauration der dreißiger Jahre des vergangenen Jahrhunderts nachlebte und die unter dem Zeichen des internationalen Proletariats schmählich scheiterte.

Es ist auch ein Bericht über Geschichte, die Deutsche gemacht, propagiert und oftmals blutig durchgesetzt haben. Eine Geschichte, die ihren Anfang nahm, als der Nationalsozialismus des Dritten Reiches noch kaum zum Erliegen gekommen war. Eine Geschichte, die mit dem Beitritt der Deutschen Demokratischen Republik zur Bundesrepublik Deutschland noch nicht beendet ist. Eine Geschichte, aus der der Westen lernen könnte und der Osten nicht minder.

Grundlage sind Reisen in den Osten, die anfänglich privater und dann auch zunehmend beruflicher Neugierde zu verdanken waren. Beobachtungen und alltägliche Gespräche sind der Rohstoff dieses Berichts, Interviews und Materialanalysen ergänzen ihn zu einem pointillistischen Bild – nicht mehr und nicht weniger ist gewollt.

Diejenigen, um die es geht, werden sich nicht wiedererkennen wollen, und andere werden den Vorwurf ins Feld führen, dieser Bericht sei nicht repräsentativ. Wesensmerkmal soziologisch oder auch ethnologisch angeleiteter Studien ist die Einzelfallbetrachtung. Einzelfälle in ihrer Gesamtheit machen die gesellschaftliche Realität aus, ohne daß sie deswegen in Bausch und Bogen generalisierende Gültigkeit beanspruchen können. Um Pauschalierung soll es deswegen auch nicht gehen. Vielmehr stellt sich die Frage, was die Menschen aus der Deutschen Demokratischen Republik zum Erfolg eines demokratischen und geeinten Deutschlands beitragen könnten oder sogar wollten.

1. Aus der Traum!

1989: Die Deutsche Demokratische Republik läßt sich besichtigen.

Die Mauer war gefallen, ließ sich nicht mehr halten, die Allianz mit der Sowjetunion war zerstört, die sowjetische Zeitschrift *Sputnik*, die von Perestroika und Glasnost berichtete, ließ sich in der Deutschen Demokratischen Republik wohl verbieten, ihre Gedanken aber ließen sich nicht aufhalten. Die große Sowjetunion, Lehrerin aller Satellitenstaaten, wenn es ums Siegenlernen ging, hatte in der Person Gorbatschows einen Bewußtseinswandel vollzogen, der in der Weltgeschichte beispiellos ist. Die über 70 Jahre mächtige und aus westlicher Sicht furchteinflößende Sowjetunion hatte sich bereit erklärt, endlich auf Aufklärung und Pragmatismus zu setzen.

Die Deutsche Demokratische Republik wurde einsam.

Ungarn war abgefallen, denn Gyula Horn hatte den Botschaftsflüchtlingen die Ausreise erlaubt, Grenzzäune zu Österreich wurden mit Seitenschneidern durchgetrennt, Flüchtlingszüge rollten durch Dresden in die Bundesrepublik, in Polen konnte die Solidarnoczs endlich jubeln.

Die Deutsche Demokratische Republik wurde noch einsamer.

Dann meldeten sich auch in diesem Lande endlich Demonstranten, führten Umzüge auf, skandierten »Wir sind das Volk«, brachten die Regierung der Deutschen Demokratischen Republik womöglich fast soweit, daß man im Westen bangen mußte, ob diese aufmüpfige Menge von der Nationalen Volksarmee zusammengeschossen werden könnte.

Doch was hätte daraus werden können? Ohne Rote Armee, ohne das Militär des Warschauer Paktes? Ein Bürgerkrieg in der DDR?

Indes, es kam nicht soweit; sei es, daß der sowjetische Rückhalt nun fehlte, der 1953 noch geholfen hatte, als es um die Arbeitsnormen ging; sei es, daß die ungarischen Vorkommnisse von 1956 an Überzeugungskraft verloren hatten; sei es, daß eine militärische Beendigung des Prager Frühlings unter der »Breschnew Doktrin« – die Deutsche Demokratische Republik hatte sich selbstverständlich beteiligt – nicht mehr wiederholbar war; sei es, daß die chinesische Variante des Tienamen-Platzes nicht wirklich als Vorbild für die Konsolidierung der sich auflösenden obszönen Ordnung der Deutschen Demokratischen Republik gelten konnte – die Sowjetunion unter Gorbatschow jedenfalls hatte sich von der Begeisterung für die gewaltsame Kohärenz des Ostblockterritoriums zurückgezogen. Polen, die Tschechoslowakei und Ungarn hatten andere Sorgen. Damit entfielen alle tragfähigen Elemente einer blutigen Unterwerfung, wie sie in den Bürostuben des Staatsrates wohl erwogen worden waren.

Nun war die Deutsche Demokratische Republik mutterseelenallein.

Von dem Eingeständnis dieser regierungsamtlichen Schwäche war es nicht mehr weit bis zu der Parole »Wir sind das Volk«. Mit der kurz danach vollzogenen Auswechslung von »das« gegen »ein« hatten die ›Helden von Leipzig‹ auf dem Leipziger ›Heldenplatz‹, der in ruhigeren Zeiten noch den ehrwürdigen Namen Karl-Marx-Platz führte, eine erstaunliche rechtliche Transformation vollbracht und gleichzeitig Sonden in das Nationalbewußtsein der Deutschen insgesamt gebohrt: »Wir sind ein Volk.«

Ja, aber was für eines, fragte sich da mancher im Westen mit Blick nach Osten.

»Wir sind das Volk« sollte bedeuten: »Nun wollen wir die uns in der Verfassung der Deutschen Demokratischen Republik garantierten Rechte wahrnehmen, das haben wir leider zu lange Zeit versäumt, aber nun soll es endlich geschehen.« Das war die Idee der Bürgerrechtsbewegung, namentlich die des »Neuen Forums«. Das hätte geheißen: »Wir fangen jetzt an, unsere Partizipationsrechte wahrzunehmen, wir werden mit den vorhandenen – spärlichen – verfassungsrechtlichen Mitteln diese Deutsche Demokratische Republik solange umkrempeln, bis wir – das Volk – uns darin wohl fühlen können.« Es ging also grob gesprochen darum, den real existierenden Sozialismus der Deutschen Demokratischen Republik zu modernisieren, den Bedürfnissen auch der verfolgten Abweichler anzupassen. Das war mutig, überfällig und gewiß auch redlich gedacht, erwies sich jedoch für die heldische Vox populi nur von kurzer Haltbarkeit.

Zu Recht. Denn die Modernisierung der DDR-Gesellschaft hätte ungeheurer Anstrengungen bedurft, die man füglich scheuen durfte, wenn man die Westdeutschen daran erinnerte, daß man ja schließlich »ein Volk« sei. Diese Parole, »wir sind ein Volk«, haben dann auch solche skandiert, denen die Staatsgrenze West bislang heilig war und die jedem Westler den Grenzübergang zwischen den beiden deutschen Staaten über 40 Jahre hinweg zur impertinenten Qual machten. Ostler, die die Staatsgrenze verletzten, wurden ohnehin erschossen.

Morgenluft?

Sei's drum. »Wir sind ein Volk« hieß es nun eingedenk der Verfassungsgarantie der Bundesrepublik Deutschland, jeden Bürger der Deutschen Demokratischen Republik – wie vormals jeden Bürger der sowjetisch besetzten Zone – als Deutschen im Sinne des Grundgesetzes zu betrachten. Damit war der Schwung zu einer Erneuerung in Ostdeutschland dahin.

Während der damalige Bundeskanzler Kohl mit seinem überraschenden 10-Punkte-Programm die historische Chance ergriff, während Honorarprofessor Krause und der wakkere Schäuble über dem Einigungsvertrag saßen, während an »Runden Tischen« im Osten über Demokratisierung nachgedacht wurde und ernsthafte Verfassungsrechtler aus dem Westen sich mit DDR-Diplomjuristen, was auch immer die von freiheitlicher Demokratie verstanden haben mögen, über die Formulierung eines neuen gesamtdeutschen Verfassungstextes stritten, der der Parole »Wir sind ein Volk« gerecht werden könnte, hatte die Bevölkerung der Deutschen Demokratischen Republik längst in Massen den Weg des direkten Zugriffs gewählt.

2. Arbeiten wie bei Honecker, leben wie bei Kohl

Wer dabei war, kann es sagen. »Wir sind ein Volk« hieß zunächst einmal »Begrüßungsgeld« und, wenn sich eine Adresse im Westen angeben ließ, auch Arbeitslosenunterstützung und Sozialhilfe. (Unvergessen bleiben die Sozialhilfeempfänger in bestem Mannesalter, Vater und Sohn aus Sachsen, die mir im Frühjahr 1990 nördlich von Bremen auf dem platten Lande verkündeten: »Nu bleem mir erschtemal hier un guggen was noch gommd.«)

Wer seinerzeit in den grenznahen Räumen seine Beobachtungen machen konnte, wird sich der Verblüffung der einkaufswilligen West-Frauen erinnern, die plötzlich alle Regale ausgeräumt fanden. Das war zu den Zeiten, als das Begrüßungsgeld in Höhe von einhundert DM – ursprünglich gedacht, den wenigen Reiseberechtigten aus der Deutschen Demokratischen Republik ein unmittelbares Auskommen bei einem Wechselkurs von etwa 1:10 in der Bundesrepublik zu sichern – nun von Tausenden und Abertausenden Tag für Tag und auch mehrmals pro Tag kassiert wurde.

Nun war der Weg zum täglichen Begrüßungsgeld für die im Landesinneren der Deutschen Demokratischen Republik

Lebenden sicherlich beschwerlich. Das war ein Zustand ungemeiner Ungerechtigkeit, dem abgeholfen werden mußte. Auf Gleichheit hatte sich die Deutsche Demokratische Republik doch wahrhaft verstanden. Kurz über lang etablierte sich daher eine weitere, auch sprachlich revolutionäre Parole: »Kommt die D-Mark nicht nach hier, kommen wir zu ihr.«

Jetzt bekamen die westdeutschen Politiker langsam Furcht: Die Aussicht, daß die sich nun zur Bundesrepublik bekennenden DDR-Bürger in Millionenströmen ihr Land verlassen könnten, mußte Entsetzen hervorrufen – allein der Exodus des medizinischen Personals ließ die Konsequenzen erahnen. Also sollte über die Währungsunion die D-Mark auch in der Deutschen Demokratischen Republik ihre befriedende Wirkung stiften; und tatsächlich konnten die Befürchtungen, man könne im Osten bei der Verteilung westlicher Wohltaten zu kurz kommen, gedämpft werden.

Die Währungsunion war insofern prima und profitabel, als für alle Bürger der Deutschen Demokratischen Republik die beträchtlichen Guthaben in Ostmark im Verhältnis 1:1 (ab einer Grenze von 4.000 Ostmark im Verhältnis 1:2) getauscht wurden. Das war ein sensationeller Kurs, wenn man gleichzeitig die Lohnpolitik der Deutschen Demokratischen Republik betrachtet. Aus westlicher Sicht erschienen die DDR-Löhne immer schon sehr gering und erregten Mitleid. Im Binnenverhältnis der Deutschen Demokratischen Republik hingegen waren die Löhne astronomisch hoch, wenn man sie einerseits auf die Lebenshaltungskosten und andererseits auf die Produktivität bezog. Das wenige, das produziert wurde, ließ sich mit diesen Löhnen leicht erwerben. Selbst exzessive Trinker wären wohl kaum in der Lage gewesen, die freibleibende Ostmark völlig in den »Altenburger Klaren« umzusetzen. Bei Produkten, die etwas teurer waren, wie etwa Kühlschränke, sorgte schon die spärliche Produktion dafür, daß nicht allzuviel an Aluminiumchips verausgabt werden konnte. So kamen beträchtliche private Guthaben zustande. Der damalige Präsident der Bundesbank, Pöhl, hatte diesen gegenstandslosen Kapitalabfluß vorausschauend erkannt, fand aber wegen der vermeintlichen politischen Zwänge kein Gehör und nahm seinen Hut.

Kurz vor der Währungsumstellung konnte man die DDR-Mark etwa am Bahnhof Zoo noch im Verhältnis 1:10 tauschen. Viele alerte DDR-Bürger haben in den Tagen vor der Währungsunion ein virtuelles Vermögen verloren, weil sie an die Währungsunion nicht recht glauben und nicht abwarten wollten. Nachdem die Grenzpassage möglich war, tauschten sie. Der Fall eines DDR-Unterhaltungskünstlers, der über viele Jahre vor den Werktätigen und bei zahllosen offiziellen Veranstaltungen mit seinen Musikdarbietungen für sozialistischen Frohsinn gesorgt hatte, ging damals durch die Presse. Er tauschte 400.000 Ostmark am Bahnhof Zoo in Berlin gegen 40.000 DM ein und fühlte sich gut bedient. Nach der Währungsumstellung tauschte er den Rest seines Vermögens im Verhältnis 1:2 und war im selben Augenblick gutbetuchter DM-Millionär. Mit der Gründung einer Fluggesellschaft war er einer der wenigen, die den unverhofften Geldsegen investiv verwendeten.

Alle, die Ruhe bewahrten und abgewartet hatten, konnten eine hervorragende Rendite einfahren, die die Steuerzahler der Bundesrepublik Deutschland gerne bezahlten. Die Bankschalter – häufig noch in Containern untergebracht – wurden geradezu bestürmt, die leicht verdienten DDR-Märker in »richtiges Geld« umzutauschen. Der Sturm auf die Stasi-Zentrale in der Normannenstraße kann wohl kaum so enthusiastisch erfolgt sein wie der auf die Bankschalter.

Leicht verdientes Geld, das sagt sich so schnell. Wenn man indessen den Bürgern der ehemaligen Deutschen Demokratischen Republik zuhört, war es ganz anders. Schon bald nach der Wende zuckten die Westdeutschen ergeben die Achseln, wenn die Bewohner der Deutschen Demokratischen Republik innerhalb ihrer völlig verwüsteten Umgebung mit Nachdruck behaupteten, sie hätten ja schließlich auch hart gearbeitet und müßten nun befürchten, um ihre lebenslange Auch-Arbeit vom Westen betrogen zu werden. Das war zu Herzen gehend, jedoch niemand im Westen konnte diese bienenfleißigen und entwicklungsfreudigen Menschen aus der ehemaligen Ostzone um die Erträge ihres Arbeitslebens bringen, denn das hatten sie schon selbst besorgt.

Nur einem fiel auf, daß immer von enormen Leistungen die Rede war, während man sich in Kombinaten befand, aus deren verrosteten Rohrleitungen giftige Dampfschwaden zu Boden sanken oder daß Flüsse sich unter allseitiger Billigung in Kloaken verwandelten. Es war Bundeskanzler Kohl, der gegen jegliche sentimentale Vereinigungsstimmung erklärte: »Arbeiten wie bei Honecker, leben wie bei Kohl, das geht nicht.«

Dieser Moment der Wahrheit hätte der Beginn der inneren Vereinigung werden können.

Helmut Kohl hat diesen Satz später nie wiederholt. Wenig später verkündete er den Ostdeutschen immer wieder: »Sie sind genauso fleißig gewesen wie Ihre Landsleute im Westen, nur hat Sie ein verbrecherisches Regime um die Früchte Ihrer Arbeit gebracht.«

Zu gerne wüßte man, wohin das Regime die Früchte dieser Arbeit geschleppt hat. In Wandlitz fand sich kaum etwas davon, da waren Westwaren gebunkert, Spirituosen und Pornokram. Wo die SED ihr geschätztes 200-Millionen-Vermögen versteckt hält, verrät die PDS bis heute nicht, und die Bundesanstalt für vereinigungsbedingte Sonderaufgaben (BvS) ist bis heute bemüht, die industrielle Hinterlassenschaft der Deutschen Demokratischen Republik auf dem Weltmarkt loszuschlagen.

Wie kam Kohl zu dieser Feststellung? Hatten gescheite Berater ihm etwas geflüstert? Möglicherweise ist es psychologische Staatskunst, einer unproduktiven Gesellschaft einzureden, sie sei fleißig gewesen, und sie auf diese Art positiv zu motivieren, nun mit anderen mitzuhalten. Wahrscheinlicher ist, daß der Kanzler einfach übersehen hatte, daß die Ostdeutschen vom realsozialistischen Regime über 40 Jahre lang so überschwenglich für ihren Arbeitseifer belobigt worden waren, bis sie selber daran glaubten und dabei den Blick dafür verloren hatten, mit welcher Energie und mit welchen Ergebnissen anderswo auf dieser Welt gearbeitet wurde. *Honni soit qui mal y pense.*

Bundeskanzler Kohl und die politische Öffentlichkeit standen in den noch dampfenden und tropfenden Ruinen des real existierenden Sozialismus und erklärten, nun sei alles gut und alles vergleichbar. Nun waren West- wie Ostbürger auf ein Maß gestellt, mit der bitteren Folge, daß die ostdeutsche Bevölkerung langsam zu argwöhnen begann, sie würde betrogen. All ihre schöne Ost-Mark waren zu westlichen Autos, Satellitenschüsseln, Videogeräten und den schon längst ersehnten und eigentlich auch verdienten Urlaubsreisen geworden. Nach dieser Goldeselei kam nichts mehr außer Arbeitslosengeld und Sozialhilfe; die Löhne lagen um 20 % niedriger als im Westen, die Produktivität allerdings bei weniger als einem Drittel von der in Westdeutschland. Die Mieten und die Preise kletterten. Die behaglichen Arbeitsplätze wurden so rar, wie ehedem die Bananen gewesen waren. Und da waren die vielen Ausländer, die für wenig Lohn den Wiederaufbau der ehemaligen Deutschen Demokratischen Republik in Angriff nahmen, während man selbst noch Frühstücksfernsehen guckte. Es wurde ungemütlich für die Ostdeutschen. Was war mit der Kriminalität, die aus der Mitte dieses gemeinsinnigen und solidarischen Volkes herausbrach, was mit den erschlagenen und gehetzten Ausländern? Hatten sie damit überhaupt etwas zu tun, waren sie nicht immer eine friedliche Gesellschaft? Und nun diese Enttäuschung. Das Wort vom Betrug machte bei den mit konvertierbarer Währung, Pässen, Automobilen und Reisefreiheit ausgestatteten Ostdeutschen die Runde.

Unterdessen versuchte die ökonomisch denkende westliche Hemisphäre, sich ein Bild von den verwüsteten Landschaften des ersten sozialistischen Staates auf deutschem Boden zu machen, und kam zu einer grimmigen Bilanz: Mit all ihrem wirtschaftlichen, politischen und sozialpolitischen Ungeschick hatte es die Deutsche Demokratische Republik innerhalb von 40 Jahren auf den Status eines Schwellenlandes gebracht. Es mußten Wiederaufbauprogramme aufgelegt werden, so als wäre das Land von einem langwährenden Krieg niedergemacht worden. Man muß sich das vorstellen: 16 Millionen Menschen haben über Jahrzehnte beharrlich an diesem Desaster, an dieser unglaublichen Performance des Niedergangs teilgenommen. Welch kollektive und destruktive Kraft!

Die unter dem Terminus »Aufbau Ost« ins Leben gerufenen Programme künden schon von den Verheerungen, die sie heilen sollen. Es ging also letztendlich nicht um den Beitritt eines vermögenden, kraftvollen Landes, das sich nun abwechslungshalber der parlamentarischen Demokratie verschreiben wollte, nein, es handelte sich um eine Krankenstation, die ihr Heil in neuer Pflege suchte.

Da war dann von den »blühenden Landschaften« alsbald nicht mehr die Rede, von denen man sich Anfang der 90er Jahre noch optimistisch überzeugt glaubte. Wie es zu dieser Hoffnung kam, ist eine andere Frage. Die durchgängige Fälschung von sämtlichen Betriebsergebnissen, die sich in den Fälschungen der Wirtschaftspläne bis hin zu den wirtschaftsbezogenen Parteitagsbeschlüssen fortsetzten, mögen darauf eine Antwort sein. Politisch war der Westen in einem Freudentaumel und daher auf solche Art fundamentalen Betrugs nicht eingestellt: Er hatte mehr Kraft in der ehemaligen Deutschen Demokratischen Republik vermutet, die sich immerhin auf den Rangplatz 10 unter den Industrienationen gemogelt hatte. Andererseits hatten westdeutsche Wirtschaftsexperten in offiziellen Dossiers über die Jahre keinen Zweifel daran gelassen, daß die Deutsche Demokratische Republik dem wirtschaftlichen Ruin zusteuerte.

So wären wir wieder beim Thema des Betrugs. Mit dem Betrug, von dem hier gesprochen wird, hat es eine eigene Bewandtnis. Es geht um einen Betrug und Selbstbetrug, der in seinem Ausmaß innerhalb der Menschheitsgeschichte selten sein dürfte; nämlich den, ohne Leistung leben zu wollen und gleichzeitig Opfer sein zu können.

3. »... dann wern wirs euch zeigen«

November 1989: Die Mauer war durchlässig geworden, die Staatsgrenze West ließ sich Berichten zufolge an ausgewiesenen Passierpunkten für 10 DM Visumgebühren pro Person problemlos überqueren, und so war es auch. Wir näherten uns Helmstedt von Klein Steimke her über Landstraßen, die in Rübenäcker gewaltigen Ausmaßes eingebettet waren. Schon von Ferne gewann die Nacht tausendfaches Licht in den milden Scheinwerfern der Trabanten. Dann war bald ein Näherkommen nicht mehr möglich, weil die Zweitakter jede Pore dieser kleinen Stadt verstopft hatten. Wir gaben auf, um am nächsten Morgen an einer just bekanntgegebenen Grenzübergangsstelle (GüSt) nördlich von Helmstedt unser Glück erneut zu versuchen.

Und das war gut so, denn der normale Westdeutsche im norddeutschen Binnenland hatte es nicht so eilig, die Pracht der Ostzone zu betrachten. Die Schlange vor dem behelfsmäßigen Grenzkontrollpunkt, dessen Grenzkontrollorgane in einer Art Bauwagen untergebracht waren, war überschaubar. Bei Pausengesprächen stellte sich heraus, daß hier kleiner Grenzverkehr in aller Ruhe, ohne die vordem von der Deutschen Demokratischen Republik staatlich verordneten Hürden, stattfinden sollte.

Nun muß man sich diesen Grenzübergang, der da notdürftig eingerichtet worden war, folgendermaßen vorstellen: Von der westlichen Seite hatten ein paar Bauern kurz entschlossen mit entsprechendem Gerät den Weg geebnet, der über 40 Jahre nicht begangen werden konnte. Die Grenztruppen der DDR hingegen hatten Mühe, den Grenzübergangskontrollbauwagen aufzustellen, die verschiedenen Zäune durchzuschneiden und beiseite zu rollen, den »Todesstreifen« ein wenig unkenntlich zu machen, die Grenzsicherungsanlagen zu entschärfen und was der Mühsal mehr war.

All das gewaltige Brimborium der Todesmaschinen, des antifaschistischen Schutzwalls, so eine Art Westwall der Deutschen Demokratischen Republik, war an dieser Stelle behelfsmäßig beiseite geräumt, um den Staatsbürgern und geborenen Faschisten der BRD das Staatsgebiet der Deutschen Demokratischen Republik per Tagesvisum zugänglich zu machen.

Immerhin, sie hatten es geschafft – der Übergang war offen. Die unerbittliche Schärfe des allgegenwärtigen sächsischen Imperativs, den jeder kennt, der das Staatsgebiet der Deutschen Demokratischen Republik hatte betreten oder nur durchqueren müssen – nämlich: »Machense mal des linge Ohr frei, führen Sie Waren mit sich, Waffen oder Munition oder Fungkeräde oder fungelektronische Keräde wie Taschenrechner?« –, war gebrochen.

Die Einreise in das Staatsgebiet der Deutschen Demokratischen Republik stellte sich einfach dar – Paß vorzeigen, 10 DM pro Person waren zu entrichten, dann der Stempel auf ein Stück Papier, eine Art Tagesvisum. Dazu beständig lächelnde frohgemute Vertreter der Grenzsicherungsorgane, kein böses Wort.

Wir hatten diese Stempelei gerade hinter uns und bewegten uns auf sehr rumpeligem Weg in die Deutsche Demokratische Republik, als meine Frau mich fragte: »Wie kriegen die das eigentlich hin, daß die an diesem Grenzübergang plötzlich grinsen?« Ich antwortete: »Die freuen sich über die verbesserten Möglichkeiten der Ost-West-Kontakte, die freuen sich, daß wir wieder zusammen sein können.«

»Meinst du wirklich?« fragte sie mich und lachte. Sie hatte mich erwischt: Was sie für Grinsen hielt, verstand ich als Lächeln.

Wir fuhren über Wolfsburg nach Klötze, ein Ort, völlig heruntergekommen, von der Straße wollen wir nicht reden. Häuser, an denen man etwas hätte tun müssen, ländliche Gärten, die der Pflege bedurft hätten. Dann Gardelegen, ein Ort, bei dem einen das Jammern überkam angesichts der Entschlossenheit der Deutschen Demokratischen Republik, dort ihren Geist unterzubringen – ein häßliches Jugendzentrum. Weiter ging's dann nach Haldensleben und anschließend nach Halberstadt: Die Deutsche Demokratische Republik schickte sich gerade an, ihre Plattenbauweise mittelalterlich anzupassen, wie sie es schon für das fürchterliche Nikolaiviertel in Berlin durchgeführt hatte. Von Ort zu Ort wuchs unser Entsetzen. Wir waren in der Deutschen Demokratischen Republik angelangt, von der die »kalten Krieger« immer gesprochen hatten. Alles war eine entsetzliche Enttäuschung; alles, aber auch wirklich alles war völlig verrottet.

In Magdeburg wollten wir den Dom sehen: Er war geschlossen. Ihn von außen zu betrachten, wurde durch eine mickerige Kundgebung von SED, FDJ und ähnlichen Überlebenskünstlern nicht eben begünstigt. Einzelne Teilnehmer blickten ausgesprochen unfreundlich, zwei Flaschen zerschellten in unserem Rücken.

Wir wollten etwas essen, waren bei unserer Reise durch das Elend schlicht hungrig geworden und fanden uns zu diesem Zweck in einem ausdrücklich als Gaststätte benannten Lokal ein. Wir saßen dort am Tresen, hinter dem in durchaus modernen Warmhaltevorrichtungen für jedermann sichtbar alle kulinarischen Errungenschaften der Deutschen Demokratischen Republik mitsamt der zähen Oberflächenhaut präsentiert wurden. Vor uns standen zwei Leuchten der DDR-Gastronomie und blickten uns neugierig und verwundert an, als hätten sie mit Gästen im Leben nicht gerechnet. Sie gehörten gewiß auch nicht zu der Brigade, die die tiefen Teller erfunden hat, wie Manfred Krug es einmal formulierte. Wir standen hungrig vor ihnen – hinter ihnen standen die dampfenden Töpfe:

»Nüscht is, warmes Essen erst ab 17 Uhr.« Bier, Cola und Havanna-Rum seien erhältlich, wurde uns beschieden. Es war erst 16 Uhr 30. Wir versuchten es, erwartungsgemäß ohne Erfolg, mit dem Hinweis auf die Pawlowschen Experimente. Die waren nicht im nötigen Umfang bekannt, und die Ermunterung, nun gegen alle Vorschrift aufzudecken, prallte am Pflichtbewußtsein ab.

Diese untadelig vorschriftsmäßige Haltung begeisterte uns. So kannten wir doch unsere Deutsche Demokratische Republik. Die Flotte der DDR-Gastronomie stand augenscheinlich unter Dampf, bebte dem Anschein nach vor Tatendrang, würde jedoch in vollendeter Disziplin nicht einen Moment zu früh die tiefen Teller zum letzten Gefecht servieren. Das war doch ganz was anderes als dieser unglaubwürdige Morgenschimmer an der Grenze mit den grinsenden Grenzkontrollorganen.

Im nächsten Lokal dasselbe. Notanker war dann der Magdeburger Hauptbahnhof. Gleis 5, Eingang zur Bahnhofsgastronomie. Da ergab sich für den westlichen Besucher ein ungeahntes Bild: In der großen Halle standen die abgehalfterten Gastronomiemöbel der Deutschen Demokratischen Republik, nur wenige der zahlreichen Tische waren besetzt.

»Was wollen Sie?« Für M 2,30 erhielt man einen gewaltigen Teller mit Kotelett, steifem Kartoffelbrei und dicken Bohnen in weißer Soße. Unmöglich, das aufzuessen, aber eindrucksvoll, an Hunger würde hier niemand sterben müssen. Das müssen auch die dort versammelten Eingeborenen gedacht haben, die vor nicht gänzlich geleerten Portionsschalen saßen, rauchten, Bier und Korn tranken, wenn sie nicht schon eingeschlafen waren. Das waren keine unbekannten Bilder für den weitgereisten Westler – aber in der Deutschen Demokratischen Republik?

Dann noch ein Blick in die Schaufenster der HO-Geschäfte: Pflaumenkonserven aus Bulgarien, zaghaft, nur wenige Dosen, pyramidenhaft gestapelt, 5, 3, 2, 1, und sodann ein sich Fenster für Fenster wiederholendes, wirklich üppiges Angebot an »Plaste«-Eimern, die ein begabter Dekorateur zu erstaunlichen Verbindungen zwischen Kittelschürze und Ost-Modewelt arrangiert hatte, wobei der Eimer als tragende ästhetische Säule die dekorative Oberhand behielt.

Insgesamt verwirrt vom Arbeiter- und Bauernparadies, traten wir den Heimweg an. Das Ausmaß der Verwahrlosung und des Niedergangs, an allem und jedem zu beobachten, hatten wir, die wir bisher nur Ostberlin gekannt hatten, nicht erwartet. Unser Glaube, über die Jahrzehnte durch mannigfaltige Berichte genährt, die Deutsche Demokratische Republik sei unter ihren Bruderländern ein Juwel der sozialistischen Tatkraft, war derbe erschüttert. Beklommen erinnerten wir uns verschiedener Elendsviertel, die wir in den großen Städten der USA gesehen hatten – nur, dort waren es Stadtteile gewesen, und hier schien alles zugrunde gerichtet. Die gesamte Deutsche Demokratische Republik – ein Slum, sozial kaschiert durch Propaganda?

An der Grenze hatte sich nichts geändert, die Kontrolleure waren immer noch dieselben, wohlbeleibt und immer noch lächelnd, an Ablösung hatte wohl niemand gedacht.

Wir gaben den bewußten Zettel ab und waren wieder im Westen.

Abends dann in Klein Steimke bei den Nachbarn: Tante und Onkel und Neffen und Nichten waren aus Gardelegen eingetroffen und fühlten sich aufgeregt wohl. Sie bemängelten die Qualität kapitalistischer Skateboards (»So doll sinn die ooch nich«), sprachen Bier und Grillfleisch zu und entwickelten Phantasien einer Fernfahrerkarriere, wenn die Grenze erst einmal ganz offen wäre, »dann wern wirs euch zeign«. Dann wurden die übriggebliebenen Würste, ein überzähliger Kassettenrekorder und eine Flasche Whisky im Wartburg verstaut. Die Kinder sträubten sich, aber eine Barbie- und eine Ken-Puppe erleichterten das Einsteigen; baldige Wiederkehr wurde gelobt. Wir Westler saßen dann noch so ein Weilchen besserwisserisch herum und machten uns unsere Gedanken.

Dieses »Es-uns-zeigen-wollen« oder die Ansicht, es im Osten schon immer besser gemacht zu haben (»da hobt ihr kargeene Ahnung von«), begleitete mich von da ab auf meinen weiteren Reisen in die Deutsche Demokratische Republik, die sich dann in Beitrittsgebiet und schließlich in die »Fünf Neuen Länder«, wenn nicht gar in die »Fünf Jungen Länder« umbenannt hatte.

Nicht, daß ich nicht wüßte, daß die vormalige Deutsche Demokratische Republik nun Bestandteil der Bundesrepublik Deutschland sein wollte – das ist inzwischen vollzogen und gut so. Doch was sollte aus den Menschen werden, die in dem Wahn lebten, schon immer besser als die im Westen gewesen zu sein? Und was um Himmels willen mochten sie damit meinen?

4. »Wer baute das siebentorige Theben?«

Besser sein, das war der mittlerweile uralte Auftrag, den die Deutsche Demokratische Republik sich als Vademecum von der Sowjetunion hatte mitgeben lassen. Das war der quasirevolutionäre Impuls gegen den kapitalistischen Industrialismus, gegen das industrielle Nazi-Deutschland, dessen Produktivität im Staatsgebiet der Deutschen Demokratischen Republik nicht annähernd wieder erreicht werden konnte, das war aber auch der Impuls, den unter Westherrschaft gefallenen Deutschen zu beweisen, wie sich der Sozialismus gegen den Kapitalismus durchsetzen könnte. Daß der Ostblock insgesamt gehalten war, diesen Beweis anzutreten, soll hier keine Rolle spielen, die Ostdeutschen hatten ihn gegenüber den Westdeutschen zu führen. Und das war schwer.

Warum eigentlich?

Die Produktionsbedingungen stimmten von Anbeginn auf beiden Seiten, denn alle notwendigen Anlagen waren noch vorhanden. Studien belegen, daß auch im Osten Deutschlands nach Kriegsende – man möchte es angesichts der Zerstörungen durch die Alliierten kaum glauben – etwa 50 % der Produktionskapazität erhalten geblieben waren und sich auf einem im damaligen europäischen Maßstab höchst modernen Niveau befanden – eine Hinterlassenschaft der Nazi-Diktatur, die, nebenbei bemerkt, durchaus den Charakter einer Planwirtschaft getragen hatte. Des weiteren gab es, soweit sie den Krieg überlebt hatte, eine ausgebildete Industriearbeiterschaft – auch das unterschied den Osten nicht vom Westen. Und es gab rabiate Demontagen durch die Siegermächte. Im Westen redet man kaum mehr davon, erinnert sich nicht mehr an den erbitterten Widerstand, etwa der Kumpel im Ruhrgebiet, die das nicht zulassen wollten.

Adenauer gelang es im Westen in harten Verhandlungen, die Demontagen etwas früher zu beenden, im Osten brauchte Ulbricht zwei Jahre länger, um seinen sowjetischen Freunden klarzumachen, daß der Abriß ostdeutscher Produktionskapazitäten dem Ostblock und dem anvisierten Comecon insgesamt schaden würde. Eine Merkwürdigkeit, aber er hatte auch einen schwereren, einen asiatischen Gegner.

Noch heute, fünfzig Jahre danach, erklären ältere Ostdeutsche gern die auch von ihnen eingeräumte Rückständigkeit ihrer Heimat mit den Demontagen durch die sowjetische Siegermacht – die dann bald zum »sieglehrenden« Freund wurde. Auch wird regelmäßig auf den Marshallplan hingewiesen, mit dem Westdeutschland von den Vereinigten Staaten im Gegensatz zu Ostdeutschland beschenkt worden ist.

Und da ist etwas dran: Das vom Krieg ausgezehrte Westeuropa und das zerstörte Westdeutschland erhielten den Marshallplan. Aus den Vereinigten Staaten wurden über die eigens gegründete OEEC (Organization for European Economic Co-operation, Vorläufer der heutigen OECD) Kapitalkredite zur Verfügung gestellt. Die Sowjetunion verweigerte aus ideologischen Gründen für ihren europäischen Herrschaftsbereich die Teilnahme an diesem Programm.

Trotz allem überstand die sowjetisch besetzte Zone bis auf weiteres auch diese Fährnisse, und mit der Gründung der Deutschen Demokratischen Republik und der Etablierung des Comecon sollte alles besser werden. Und der Osten unternahm anfangs gut motiviert gewaltige Anstrengungen, sein Päckchen zu tragen und den ostdeutschen Sozialismus zum Erfolg zu bringen. Hermann Kant, bis heute ein unbedingter Parteigenosse der SED, hat über diese Zeit des Aufbruchs in eine sozialistische Zukunft zwei anschauliche und eindrucksvolle Bücher geschrieben: *Die Aula* und *Das Impressum*. Allein, die Motivation währte nicht lange.

Für Westdeutschland erwies sich die Marshallplanhilfe

als sehr ersprießlich. Es handelte sich um 14 Milliarden Dollar für das zerstörte Westeuropa, von denen 3,8 Milliarden auf die drei westlichen Besatzungszonen Deutschlands entfielen – Trizonesien wurde dieses Gebilde damals genannt. Die Westdeutschen nahmen die Arbeit auf und wucherten mit ihrem Pfund – manch einer hatte wohl wirklich die Bibel im Kreuz.

Wenn nun, über 50 Jahre später, den Ostdeutschen diese 3,8 Milliarden Dollar als ein »Geschenk« erscheinen, mit dem sich die Bundesrepublik ihr Wohlleben und ihre Überlegenheit gegenüber der »sowjetisch besetzten Zone« finanziert hätte, täuschen sie sich gleich zweimal: Nach dem Londoner Schuldenabkommen hatten die Westdeutschen im Unterschied zu den übrigen Empfängern in Westeuropa von den vergebenen Mitteln eine Milliarde Dollar zurückzuzahlen, was vor der verabredeten Zeit schon 1966 geschah. Seit Beginn der 70er Jahre fließen überdies jährlich 10 Millionen DM als Geste des Dankes an den German Marshall Fund of the United States zurück. Durch revolvierende Vergabe mit Zins und Tilgung sind aber auch die damals in der Bundesrepublik verbliebenen 2,8 Milliarden Dollar auf inzwischen auf 24 Milliarden DM angewachsen. Der Fonds existiert weiterhin: Noch heute können Unternehmensgründer an ERP-Mitteln (European Recovery Programme) partizipieren, und nicht zuletzt die Unternehmer in den neuen Ländern kommen jetzt in den Genuß dieser Mittel. Und das können sie nur, weil die Westdeutschen dafür hart gearbeitet hatten.

Vergleicht man diese zu etwa einem Viertel zurückzuzahlende Starthilfe mit den weit über eine Billion DM, die bisher seit der deutschen Vereinigung in den deutschen Osten geflossen sind, nimmt sich die Marshallplanhilfe quantitativ sehr bescheiden aus. Die weit mehr als eintausend Milliarden DM öffentlicher Mittel, die von westdeutschen Steuerzahlern dem deutschen Osten inzwischen verabreicht und wahrhaft geschenkt wurden, erscheinen demgegenüber in ihrer Wirkung eher mickrig, denn es finden sich kaum dem Wiederaufbau in »Trizonesien« entsprechende Resultate.

Seit der Vereinigung gibt es einen ungebrochenen Strom von Kapital in den Osten, der dort auch manches bewerkstelligt: Es wird saniert, es wird gebaut, freilich häufig von Ausländern, die zu günstigeren Tarifen arbeiten als die Bewohner der ehemaligen Deutschen Demokratischen Republik, die sich längst im Sozialstaat Deutschland als Konsumenten eingerichtet haben. An Subsistenzmitteln jedenfalls, wie ein Marxist sich ausdrücken würde, fehlt es nicht, aber eine aus dem Lande selbst aufbrechende Stimmung des Wiederaufbaus ist kaum zu finden.

Über 52% dieser Transfers werden konsumtiv verbraucht, das heißt, es steht ihnen keine Wertschöpfung gegenüber. Angesichts dieser Zahlen wird aus dem Osten beständig geantwortet, das ganze Geld fließe ohnehin in den Westen zurück, der könne also in kapitalistischer Manier zufrieden sein. Daran ist soviel wahr, daß die meisten Produkte, die im Osten verzehrt werden, aus dem Westen stammen. Man darf vielleicht die Frage stellen, wer die Versorgungspflicht für die Menschen im Osten hat. Sie selbst können es unter Marktbedingungen offenbar nicht mehr – schon der wirtschaftliche Zusammenbruch der Deutschen Demokratischen Republik hatte das bewiesen. Seit der Einigung haben sie sich mit Milliarden und Abermilliarden von DM aus westlichen Arbeitsleistungen verköstigt. Die eigentümliche Argumentation, die Subvention östlichen Wohlergehens münde perfiderweise in westlichem Gewinn, scheint mir jede rationale Bilanzierung aushebeln zu wollen, so als hätte man sich den Konsum im Osten schlechthin als Wirtschaftswachstum im Westen vorzustellen. Tatsächlich handelt es sich um ein völlig unproduktives, über öffentliche Mittel finanziertes Debakel, das der Steuerzahler zu schultern hat. Um einem immer wiederholten trotzigen Einwand zu begegnen: Selbstredend werden auch im Osten Steuern und Solidaritätszuschläge gezahlt. Allerdings sind dabei die Relationen zu beachten, und solange sich die dortige Arbeitsproduktivität nicht erheblich steigert, wird man die Geldtransfers für den Konsum als geordnete »Kapitalvernichtung« (Marx) abbuchen müssen. Mangelnde Produktionsfreude in Ostdeutschland wird sich nicht ewig über milliardenschwere Zuzahlungen in Hunderterpotenzen finanzieren lassen – das lehrt uns der Herbst 1989.

Man darf in diesem Zusammenhang an Bert Brechts Gedicht *Fragen eines lesenden Arbeiters* erinnern.

Er fragt dort, wer das siebentorige Theben erbaut habe, ob die Könige sich etwa an dieser Plackerei beteiligt hätten und ob etwa Cäsar bei seinen Feldzügen in Gallien nicht wenigstens einen Koch dabei gehabt habe.

Brecht weist also mit allem Recht darauf hin, daß es vielfach unbeachtete Menschen sind, daß ganze soziale Klassen von Menschen unter der Ägide und im Schatten verschiedenster Herrschaften ihren Dienst versahen und es damit zu geschichtlich beachtlichen Leistungen gekommen ist. Diese geschichtlichen Ereignisse mag man beurteilen, wie man will, es ist ohnehin nichts mehr daran zu ändern. Das eben nennen wir Geschichte und lernen daraus.

Das lyrische Diktum trifft sinngemäß auch auf die Bevölkerung des Arbeiter- und Bauernstaates zu, die sich dem Klassenkampf verschrieben hatte, um endlich die im Schatten Stehenden ins Licht zu rücken: Die historischen Herrscher, die Brecht noch als Galionsfiguren eines bourgeoisen und auch proletarischen Geschichtsverständnisses vor Augen hatte, an denen man zu lernen und die man zu überwinden hätte, waren nicht mehr da, dafür aber das Politbüro, das Zentralkomitee, die Regierung mit Ulbricht, Honecker, Krenz, die sich als Sachwalter der »Diktatur des Proletariats« verstanden.

Die vielfach unbeachteten Menschen, die nun endlich in den Mittelpunkt der Geschichte gerückt wurden (ohne die bekanntlich nichts geht), die das siebentorige Theben in märkischem Sand errichten wollten, verloren, kaum daß ihnen der Status der »Diktatur des Proletariats« verliehen wurde, jegliches Interesse an Theben. Und genauso sieht das Land aus, welches sie hinterlassen haben.

Unter der »Diktatur des Proletariats« wäre es an der Zeit gewesen, daß das Proletariat seine Stärke gezeigt hätte. Ernst Bloch hat oft von den »Mühseligen und Beladenen« des Kapitalismus gesprochen. Das Proletariat, kaum zur Herrschaft gekommen, hatte aber nichts anderes im Sinn, als Mühsal und Last abzuschütteln und den jüngst gewonnenen Status auszukosten. Diktatur hieß in diesem Sinne, sich vom Joch der Arbeit sukzessive zu emanzipieren und in verschiedensten Kollektiven mehr über Arbeit zu diskutieren, als sie zu erledigen. Millionen von Werktätigen waren sich sicher in dem Glauben, daß nun die Zeit der Arbeitsfron vorbei sei. Der Irrtum, auch ohne Leistungsanstrengung zu Wohlstand zu kommen, griff um sich. Fortan wurde nach Diktatorenart vorhandenes Volksvermögen mehr verzehrt als geschaffen.

Der von Hermann Kant geschilderte Schwung war rasch dahin. Den Niedergang des frisch installierten antifaschistischen, kollektiven sozialistischen Bewußtseins konnte man erleben, als sich am 17. Juni des Jahres 1953 in Ostberlin die Bauarbeiter der Wohnhäuser auf der Stalin-Allee wütend gegen die Arbeitsnormen erhoben – bis zum Streik, der gegen Ende auch politische Farbe annahm.

Zur Erinnerung: Berlin war damals noch offen. Der Westteil der Stadt wurde gerade zum »Schaufenster des Westens« aufgepäppelt, die Erfolge der Währungsreform und der unglaublichen Arbeitsintensität im Westen Deutschlands waren unverkennbar. Es gab viel zu kaufen, allerdings war das meiste für die Ostdeutschen in Berlin unerschwinglich (für die Westdeutschen übrigens auch). Westberliner kauften für wenig Geld Brot im Osten oder gingen zum Friseur, Ostberliner besuchten zu ermäßigten Tarifen Filmvorstellungen auf dem Kurfürstendamm, zu mehr reichte es kaum.

Die Konsumniveaus unterschieden sich bereits beträchtlich und führten im Osten zu erheblicher Mißstimmung. Das war der DDR-Regierung nicht verborgen geblieben, die die Bereitstellung von Gütern des täglichen Bedarfs verbessern wollte. Regierungschef Otto Grotewohl sprach zu diesem Anlaß vom »Neuen Kurs«, der sichern sollte, daß die »Menschen im Arbeiter- und Bauernstaat besser leben« könnten, als das »im Westen der Fall« sei. Gegen die Devise des besseren Lebens gab es keine Einwände.

Allerdings war die Verkündigung des Neuen Kurses zwangsläufig mit der Festlegung höherer Arbeitsnormen verkoppelt, was nicht auf Gegenliebe stieß. Es gelang der politischen und wirtschaftlichen Führung der Deutschen Demokratischen Republik ganz offenbar nicht, ihrer Arbeitsbevölkerung den Zusammenhang von Produktion und Konsumtion zu vermitteln, was auch nicht ganz einfach war. Denn wie sollte man erklären, daß die in kapitalistischer Unterdrückung und Ausbeutung schuftenden Westdeutschen einen höheren allgemeinen Lebensstandard zu erarbeiten vermochten als ihre proletarischen Kollegen im Osten, die in einem System leben durften, das als »allseits« dem Westen überlegenes »Arbeiter- und Bauernparadies« gepriesen wurde? Da hätten unverzichtbare ideologische Positionen geräumt werden müssen. So nahm der Streik seinen Lauf.

Der 17. Juni 1953 hat aber auch eine andere, zumeist verschwiegene Seite, die sich anders als ein Aufstand interpretieren läßt, nämlich als die Behauptung einer selbstbewußten Stufe sozialistischer und gesellschaftlicher Befreiung.

Ausgerechnet bei dem Prestigeobjekt »Stalinallee« – der Namensgeber war drei Monate zuvor gestorben – legten die Baubrigaden die Arbeit nieder und traten in den verbotenen Streik, mit dem sie ihren Staat und dessen Sanktionsapparat herausforderten. Kurios ist dabei, daß diese Wohnungen unter anderem für ebendiese Bauarbeiter und ihre Familien bestimmt waren – Wohnungen waren äußerst knapp. Die Arbeiter hatten also begonnen, gegen ihre eigenen Interessen, die Versorgung mit Wohnungen, zu streiken. Der Streik als pure, aber auch ideelle Arbeitsverweigerung, also gegen die Arbeitsfron (anders als wir das aus den Arbeitskämpfen des Westens kennen, bei denen es immer um verbesserte Verteilungsgerechtigkeit ging und geht), griff schnell auf die übrigen Teile der DDR über. Tage später wurde aus diesen Aktionen auch ein politischer Aufstand.

Erklärbar wird dieses merkwürdige Verhalten vor einem völlig anderen Hintergrund: Der Beschluß erhöhter Arbeitsnormen verstieß nämlich nicht so sehr gegen die Versprechungen des Regimes, das immerhin mehr Anstrengung gefordert hatte; vielmehr widersprach er eklatant den Doktrinen der Kategorien des guten Lebens unter sozialistischen Bedingungen, welche von verschiedensten politischen Theoretikern und Praktikern aus Marx abgeleitet wurden.

Hier seien nur die zentralen Kategorien genannt: Das Proletariat war angetreten, die Menschen von ihren Ketten zu befreien; ihm kam damit eine heroische Avantgardefunktion zu. Die Fesselung der Produktivkräfte durch das Kapital war aufgehoben, und erhöhte Produktivität sollte sich gleichsam wie von selbst einstellen. Die Diktatur des Proletariats erhob sich über die verbliebenen Klassen und Zwischenschichten und machte sich zum wahren Souverän seiner Lebensbedingungen und seiner Geschichte. Mit der Proklamierung des ersten sozialistischen Staates auf deutschem Boden erfolgte dann auch eine Revision der Geschichte, die vom siebentorigen Theben bis zur Zerschlagung des deutschen Faschismus reichte und dem Proletariat die prominente Rolle einräumte, jede allmähliche Verbesserung auf dem Weg zur vollständigen Emanzipation erkämpft zu haben, bis der reale Sozialismus dann tatsächlich erreicht war.

Der Sozialismus galt als die modernste Form von Gesellschaft schlechthin, mit uneingeschränkten Partizipations- und Freiheitsrechten für jedermann. Solche Privilegierung verträgt sich kaum mit dem Dekret, mehr zu leisten als zuvor.

Ich habe die Vermutung, daß die Verweigerung von Mehrarbeit nicht als Loyalitätsentzug gewertet werden kann, wie das aus westlicher Sicht bisweilen immer noch geschieht. Im Gegenteil, die DDR-Regierung hatte sich durch die Erhöhung der Normen mit der Diktatur des Proletariats angelegt, das in gläubiger Loyalität an dem geschichtsphilosophisch verheißenen Staatsziel sehr ernsthaft festhielt und keinesfalls in die aus kapitalistischen Verhältnissen bekannte Arbeitsfron zurückwollte.

Der Ostblock erkannte in dem Aufstand ein von Westalliierten und »Bonner Ultras« gestartetes Unternehmen, um die junge Republik zu Fall zu bringen. Der Westen, soweit er antikommunistisch war, jubelte oder war tief betroffen, schien doch die ostdeutsche Bevölkerung wider den Stachel und das DDR-System zu löcken. Der Aufstand wurde mit Hilfe der Roten Armee der Sowjetunion innerhalb weniger Tage blutig niedergeschlagen, und es gab Hunderte von Toten und Verletzten.

Der Bundesrepublik wäre damals nachgerade jeder Aufstand im Osten recht gewesen, sie sah sich politisch bestätigt und erklärte, dabei gleichzeitig nach West und Ost blikkend, den 17. Juni 1953 zum Tag der »Deutschen Einheit«, weil die Ostdeutschen sich des Sozialismus hätten entledigen wollen. Das kann, mit Verlaub, ein Irrtum gewesen sein, mit dem die Bundesrepublik noch heute ihre Schwierigkeiten hat. Zum »Tag der Deutschen Einheit« wurde ein Tag der Arbeits- und Aufbauverweigerung erklärt, der im ostdeutschen Bewußtsein nicht unbemerkt blieb.

Was die Streikenden ihrem sozialistischen System abringen wollten, war die Rücknahme von Arbeitsnormen, die den Leistungen westdeutscher Arbeiter vergleichbar gewesen wären. Gleichzeitig sollte aber mehr Wohlstand her. Ob es sich tatsächlich um den Wunsch nach westlicher Demokratie handelte, von der damals in Ost und West kaum jemand etwas verstand, sei dahingestellt. Das werden dereinst die Historiker herausfinden.

Die Werktätigen im Osten wußten damals wahrscheinlich nichts von der Mühsal westdeutscher Arbeitsverhältnisse; sie kannten allenfalls deren Sonnenseite, nämlich das Konsumangebot. Berlin hatte, als Schaufenster des Westens, genau diesen Zweck zu erfüllen. Denn wie hätten die Werktätigen der Deutschen Demokratischen Republik, die in der Herrschaftsattitüde der Diktatur des Proletariats lebten, wohl geschaut, wenn sie unter erzkapitalistischen westdeutschen Bedingungen, unter der Knute des Leistungsprinzips hätten malochen müssen.

Zum Vergleich: Den westdeutschen Arbeitern ist in jener Zeit nichts geschenkt worden, sie arbeiteten gegen die unmittelbare Not, gegen den internationalen Druck der Ächtung wegen der Nazivergangenheit, und sie arbeiteten für die Integration in die soziale Marktwirtschaft, für die Montanunion und die europäische Idee, und sie arbeiteten für Wiedergutmachung und Kreditrückzahlung. Dabei entfalteten sie eine Produktivität, die dann »Wirtschaftswunder« genannt wurde und keinesgleichen hatte, weder in Ost noch in West.

Noch im Verlauf des Juni-Aufstandes nahm die Deutsche Demokratische Republik die Arbeitsnormen zurück und handelte sich damit ein Dauerproblem ein, das bis 1989 fortwirkte, letztlich zu ihrem Scheitern führte und im Osten bis heute teilweise noch nachwirkt.

Unter dem Eindruck der blutigen Zerschlagung des Aufstands bildete sich ein neuer, gleichwohl uneingestandener und latent bleibender Gesellschaftsvertrag zwischen Beherrschten und Mächtigen heraus, der sich so formulieren läßt: Wir, die Arbeiter und Bauern, erklären, die Macht der Partei nicht mehr herauszufordern. Wir werden loyal sein, wenn ihr uns dafür zusichert, uns zu versorgen und von der Arbeitsfron zu befreien.

Die Deutsche Demokratische Republik verabschiedete sich damit leichtfertig von dem Versuch, mit der gesellschaftlichen und wirtschaftlichen Entwicklung in der kapitalistischen Konkurrenzwelt gleichzuziehen.

Ein so oder so entscheidender Fehler. Seither haben die Menschen im Osten stets weniger geleistet, als sie für das Erreichen eines sich entwickelnden sozialistischen Wohlstands und den Fortbestand ihres Staatswesens hätten leisten müssen. Ganz zu schweigen von dem ehrgeizigen Ziel, Westdeutschland, das heißt die alte Bundesrepublik Deutschland, »zu überholen, ohne sie einzuholen«, wie es Chruschtschow einmal für den gesamten Ostblock gefordert und ausgelobt hatte.

So haben sie über Jahrzehnte von der Substanz gelebt, international Schulden gemacht, dann und wann einen Häftling gegen Westgeld verkauft, den »Swing« in Anspruch genommen, Antiquitäten verhökert, den einen oder anderen bundesrepublikanischen Kredit verschlungen, sie haben sich von den »Bonner Ultras« Autobahnen bauen und Schienenstränge legen lassen, ohne auch nur einen Ostpfennig dafür aufwenden zu müssen, und dann die später fälligen Transitpauschalen Jahr für Jahr verjubelt.

Bei Lichte betrachtet erschöpfte sich ihre Tätigkeit darin, sich zu nähren und zu kleiden, die eigenen Planerfüllungsprotokolle ebenso zu fälschen wie die Statistiken, die sie als zehntbedeutendste Industriemacht des Globus ausweisen sollten, und dabei an die selbstgestrickten Legenden zu glauben. Während sie das taten, bröckelte ihnen die Realität unter den Füßen weg.

Doch damit noch nicht genug. In unzähligen Biographien hat sich der wirtschaftliche Zusammenbruch merkwürdigerweise als Resultat harter Arbeit eingekerbt, das den Vergleich mit der Tüchtigkeit der Bevölkerung Westdeutschlands oder dem Bienenfleiß anderer arbeitsamer Regionen der Welt nicht zu scheuen bräuchte. In dem Maße, in dem Arbeit an Wichtigkeit verlor, gewann Geld an Bedeutung. Geld kann und soll alles richten. Wie halluzinative Sozialismus-Junkies sitzen sie nun da und warten auf die nächste Finanzspritze.

5. Dachschaden in Tangermünde

Die Wende – Generalsekretär Krenz hatte ja wohl dieses verharmlosende Wort auf uns alle losgelassen –, die Wende war auch eine Wende für uns Westdeutsche, wir konnten uns nun in der Deutschen Demokratischen Republik frei bewegen.

In Tangermünde trafen wir einen Ingenieur, der der Kommune zusammen mit seinen Freunden den mittelalterlichen Kugelturm als Sende- und Empfangsstation für Hobbyfunker abgeschwatzt hatte.

In diesem Turm wurde früher mittels einer sinnreichen Konstruktion zum Kochen gebrachtes Blei tröpfchenweise von der obersten Werkbühne dem freien Fall überlassen. Während des Sturzes nahm es Kugelform an und fiel in ein Wasserbassin, in dem es erstarrte, um später als Gewehrkugel Verwendung zu finden. Eine ingeniöse Technik, derer sich die Markgrafen und Kurfürsten Brandenburgs zu bedienen verstanden.

Unser Ingenieur führte uns gegen einen freiwillig zu entrichtenden Obolus über wackelige Stiegen bis zum obersten Podest, auf dem eine prächtige Antenne befestigt war. Von dort hatte man einen schönen Blick auf den Zusammenfluß von Elbe und Tanger. Wir blickten auch auf die einstmals bewundernswerte alte Stadt, die nun schwer darniederlag, als litte sie unter Tuberkulose.

Sah man direkt vom Turm herab, blickte man auf die uralten Dachkonstruktionen der verwitterten und verfallenden Fachwerkhäuser. Und unser Führer erklärte freimütig, in just diesem Haus, dessen Dach notdürftig mit einer »Plasteplane« überzogen war, habe er als Kind mit seinen Eltern gewohnt, bis er nun, groß geworden – und nun ist ein Blickwechsel von Nord nach Süd nötig –, in das am Horizont erkennbare Plattenbauviertel mit Zentralheizung eingezogen sei.

Da fragte man dann als ahnungsloser Westler im Jahre 1990 schon mal nach, wie es denn angehen könne, daß man diese Heimstatt verfallen lassen kann. Und natürlich war es die Bequemlichkeit der »Platte«, das warme Wasser und die Heizung ebenso wie das Verrotten des elterlichen Besitzes, gegen den nichts zu unternehmen gewesen sei, weil eben Dachziegel nicht erhältlich gewesen seien.

Man stelle sich das vor: Ein in der Deutschen Demokratischen Republik diplomierter Ingenieur, ein Angehöriger der DDR-Elite, blickt von seinem mittelalterlichen Hobbyturm auf sein mittelalterliches Elternhaus, das unter Plastikplanen verborgen ist, und erklärt seinen Umzug in die Plattenbausiedlung für richtig, weil es partout keine Dachziegel gab. Da stellt sich dann unerbittlich die Frage: Warum gab es die eigentlich nicht? Die Herstellung ist seit Tausenden von Jahren bekannt und die Technik so simpel, daß selbst die Ziegeleien der Deutschen Demokratischen Republik sie im Prinzip beherrschten. Und immer noch heißt es lapidar, das System war schuld. Offenbar ein System ohne Dachziegelhersteller und Ziegeleiarbeiter.

Solange die Menschheit schon in Hütten oder Palästen wohnt, so lange hat sie es auch verstanden, ein Dach gegen die Unbilden des Himmels zu errichten; nach Ewigkeiten offenbar nicht mehr so in der Deutschen Demokratischen Republik, die sich zumindest dem Frieden der Hütten verschrieben hatte, aber ihn nicht einhielt. Denn friedlich ging es unter dem verrottenden Gebälk der Dachstühle denn doch nicht immer zu: Die fehlenden Dachziegel bewirkten durchaus mehr als nur ein offiziell veranstaltetes Ärgernis für private Hausbesitzer, was ihnen die Aufgabe ihres Eigentums zugunsten des Staates erleichtern sollte. Waren die privaten Eigentümer erst einmal von ihrem Besitz getrennt, wurde das mit den Dachziegeln auch nicht besser.

Am Beispiel von Leipzig, der zweitgrößten Stadt der Deutschen Demokratischen Republik, hat die DDR-Biologin Antje Vater dies untersucht und dokumentiert. Wer nun fragt, was eine Biologin mit der Dachziegelfrage zu tun hat, begreift die Zusammenhänge ebensowenig wie die DDR-Staatsführung und die DDR-Ziegeleiarbeiter und die DDR-Mieter, also schlechthin die Bürger der Deutschen Demokratischen Republik, womöglich auch immer noch Teile der westdeutschen Bevölkerung, die es auch gerne mit dem Satz hält, das System sei schuld gewesen. Selbst in wissenschaftlichen Kreisen wird geradezu fatalistisch von der »Mangelwirtschaft« gesprochen.

Dabei ist es ganz einfach: Antje Vater, beschäftigt am Leipziger Referenzlaboratorium für medizinische Arachno-Entomologie, hat mit dem ihr möglichen Mut schon 1989 in der damals noch realsozialistisch existierenden Deutschen Demokratischen Republik, also kurz vor dem Zusammenbruch, darauf hingewiesen, daß das Fehlen von Dachziegeln in ganz Leipzig katastrophale Folgen hatte.

In ihrer Untersuchung »Gliederfüßer in Leipziger Wohnungen – Analyse von Bürgereinsendungen 1970-1989«

(immerhin ein Zeitraum von bald 20 Jahren) zeigt sie, wie die Leipziger Bevölkerung Zug um Zug den gar nicht erst aufgenommenen Kampf – und dieser Attentismus ist eben die DDR-Spezialität – gegen mannigfaltiges Ungeziefer verlor. Ich zitiere nur auszugsweise:

»Seit Beginn der Erhebungen nahm die Zahl der Beschwerden und die der beteiligten Arthropodenarten (Gliederfüßer) zu. Gegen Ende der achtziger Jahre verstärkte sich diese Tendenz lawinenartig. Zwar wurde davon der gesamte Verwaltungsbezirk betroffen; während aber der Probenzuwachs im Mittel der letzten beiden Jahre in den Kreisstädten zu einer Verdreifachung führte, wurde aus Leipzig das Achtfache des Durchschnitts von 1970-1987 eingeschickt.«

Weiter heißt es: »Zwischen 1970 und 1989 erreichten uns 55 Bettwanzeneinsendungen aus Leipzig, wobei sich am Anfang und gegen Ende der 80er Jahre eine Häufung abzeichnete. Der erste Anstieg liegt zeitgleich mit dem Bezug von Grünau, der für 100.000 Menschen konzipierten größten Leipziger Satellitenstadt. Eine Erklärung dafür liefert die enorme Wohnungsfluktuation, die mit der Fertigstellung dieses Neubaugebietes in der Stadt einsetzte.«

Nach Grünau also waren die Mieter, wie unser wackerer DDR-Ingenieur, im Umzugsgut beträchtliche Populationen verschiedensten Ungeziefers, geflohen, um den ungedeckten Dächern zu entrinnen.

Weiter im Text: »Die Taubenzecke wurde von uns in Leipzig erstmals 1973 nachgewiesen. Seit 1980 war sie regelmäßig jedes Jahr in den Einsendungen vertreten und zeigte von da an lawinenartige Zunahme. Während der letzten zehn Jahre ist dieser Taubenparasit zu einem ernsten kommunalen Gesundheitsproblem geworden. Von begrenzten Zonen südlich und östlich des Stadtkerns ausgehend, hat sich der Befall inzwischen mit unterschiedlicher Intensität weitgehend flächendeckend über das Altbaugebiet der Stadt ausgedehnt. Bis Ende 1989 lagen fast 500 von uns bestätigte Meldungen über Taubenzeckeninvasionen in Wohnungen und Arbeitsräumen aus mehr als 300 Gebäuden vor. Ende 1990 war bereits bei über 500 Häusern Zeckenauftreten erfaßt.«

Welch ein Ärgernis, der antifaschistische Schutzwall war fugendicht, wer sich ihm näherte, wurde nach Kräften totgeschossen. Orden und Belobigungen winkten dazu. Der Aufstand der Natur und die Invasion der nichtfaschistischen Gliederfüßer ins Arbeiter- und Bauernparadies hat sich hingegen nicht bannen lassen.

»In den angehäuften Mengen von Kot, Kropfinhalt, Federn, Nistmaterial und Kadavern findet neben Taubenparasiten eine Unzahl von Gliedertieren Unterschlupf und Entwicklungsmöglichkeiten. In Leipzig wurden bisher etwa 45 Arthropodenarten aus Taubenniststätten in Wohnungen festgestellt.«

Weiter heißt es: »Bei 36 % der bis 1989 eingegangenen Beschwerden werden Stichreaktionen unterschiedlichen Schweregrades genannt. 16mal wurden schwere oder schwerste Allgemeinsymptome, zum Teil Atemnot und Kreislaufversagen, 8mal Lymphangitis, 12mal Atemwegs- und Hautallergien angegeben, 165mal juckende örtliche Entzündungen und Schwellungen an der Einstichstelle unterschiedlichen, teils erheblichen Schweregrades.

Die psychische Belastung der Betroffenen ist immens; das Beispiel aus einem Untersuchungsantrag kann nur schwach die menschliche Not vermitteln, mit der wir in Gesprächen immer wieder konfrontiert wurden.«

Der Ehemann der Forscherin, ebenfalls Wissenschaftler und Leiter des genannten Instituts, hatte sich einmal die Mühe gemacht, die auf einem Quadratmeter Leipziger Dachboden aufzufindenden Taubenzecken zu zählen, und kam in einer Hochrechnung zu dem Ergebnis, daß sich dort pro Quadratmeter Millionen dieser Plagegeister aufhalten und vermehren müßten.

Nur eine Lappalie, kein erdrückender Beweis für die Unfähigkeit der in ungezählten »demokratischen« Organisationen versammelten Bevölkerung der Deutschen Demokratischen Republik, auch nur die einfachsten zivilen Fragen zu lösen. Der Bürger der ehemaligen Deutschen Demokratischen Republik verweist auch heute auf die Verantwortlichkeit staatlicher Stellen, z. B. die mangelnde Hygieneinspektion der Stadt Leipzig, oder wie es heißt, »das System«.

Die Frage bleibt: Was haben diese Menschen eigentlich selbst zur Abschaffung dieses Übels in all den Jahrzehnten getan?

Herr Heitmann, beinahe schon Bundespräsident, inzwischen Justizminister des Landes Sachsen, nach eigener Aussage kein Held, hat es beantwortet: »Man konnte es sich auch unter dem Regime kommod einrichten.« Was sollen uns da die paar Trillionen Taubenzecken, könnte man ergänzen, und von welcher Bequemlichkeit soll die Rede sein?

In Westdeutschland sozialisierte Menschen, Mieter, wohlgemerkt, aber auch Eigentümer, würden sich verabreden, den Dachboden von Kot, Kropfinhalt und Kadavern reinigen (etwas, worüber Frau Vater als Naturwissenschaftlerin nichts zu berichten wußte), eine Umlage und Selbsthilfe organisieren, am Ende die Ziegeleiarbeiter in den Hintern treten, dann das Dach decken, und das Problem wäre binnen kurzer Zeit gelöst.

Ist dafür auch »das System« – diesmal das westdeutsche – verantwortlich, daß die Menschen sich um ihre unmittelbare Umgebung kümmern und zivile Verantwortung für ihr eigenes Wohlergehen und das ihrer Umgebung übernehmen? Hängt es vom System ab, unter dem man lebt, ob man sich um das unmittelbare Wohl des einzelnen und anderer bekümmert?

Wohl nicht. Es ist eher so, daß der westliche Zeitgenosse soviel Arges zu gewärtigen hat und dabei meistens ganz auf sich selbst gestellt ist, daß ihm nichts anderes übrigbleibt, als sich selbst um seine Lebenswelt zu kümmern. Damit folgt er nur einem alten abendländischen kulturellen Auftrag.

Wie konnte es geschehen, daß die DDR-Bevölkerung innerhalb von nur wenigen Jahrzehnten diesen Auftrag vergaß und einen ganzen Landstrich in eine unwirtliche und ökologische Katastrophe verwandelte? Das »System« kann es wirklich nicht gewesen sein. Denn in all seinen Parteitagsbeschlüssen, Parolen, Verlautbarungen, in all seinen Aufrufen, in seinem inständigen Flehen um Leistung und Arbeitseinsatz zur Verbesserung der kollektiven Lebensverhältnisse fand es keine Resonanz. Es wurde nicht gehört: Die Masse der DDR-Bevölkerung hatte den Sirenenklang der sozialistischen Rundumversorgung wohl verstanden und koppelte sich in diesem Augenblick von der westlichen Welt der »kapitalistischen Revanchisten« und der »Faschisten« ab, und gleichzeitig von der Leistungsgesellschaft westeuropäischen Typs überhaupt, der sie doch bis 1945 noch angehört hatte.

Das Versprechen, schuldlos zu sein an den Taten des deutschen Nationalsozialismus – Schuld, Reue und Scham waren mit einem Federstrich getilgt –, und der völlig verdrehte »Ableitungsmarxismus«, der den Menschen die »entfesselte Produktivkraft der Diktatur des Proletariats« in Aussicht stellte, ließ sie gegen jede unmittelbare Anschauung die Hände in den Schoß legen. Sie taten moralisch unbehelligt praktisch nur noch das Nötigste, und die wenigen, die mehr wollten, liefen ins Leere, immer darauf bedacht, dem »Bürger« der Deutschen Demokratischen Republik keine Zumutungen zu bereiten.

Weder Arbeitslosigkeit noch Kriminalität belasteten dieses glückliche Staatswesen – und am Ende wohl nur die Taubenzeckenplage, der Mangel an Westgeld, die fehlende Reisefreiheit und die Pein, in den Bruderländern, wenn sich dort Westdeutsche bewegten, nur als Tourist zweiter Klasse betrachtet zu werden.

Die »Bürger« der Deutschen Demokratischen Republik, die, wie sich nun langsam herausstellt, niemals wirklich selbstbewußte Organisatoren ihrer eigenen Angelegenheiten und derer ihres Staates waren, sondern Ausbeuter dessen, was, ohnehin schmal genug, noch her- und bereitgestellt wurde, diese euphemistisch sogenannten »Bürger«, unentwegte Verbraucher staatlicher Mittel und Maßnahmen, haben ihr Gemeinwesen und damit sich selbst bis aufs Weißbluten ausgesaugt, weil sie ihm zwar komplizenhaft alles an seinen Leistungen abgenommen hatten, enorme Staatsverschuldungen einbegriffen, ohne im Gegenzug selbst mit Gegenleistung wenigstens für sich selbst und die immer wieder beschworene solidarische Gemeinschaft einzustehen.

6. Gewaltloser Widerstand oder Nichtstun?

Hier ist nicht die Rede davon, daß man jeden Staat jederzeit unterstützen müßte oder daß das Staatswesen der Deutschen Demokratischen Republik von seinen gehorsamen ›Bürgern‹ hätte unterstützt werden sollen. Beileibe nicht.

Aber was ist, wenn die Taubenzecken massenweise auftreten und sich verbreiten, kann man da nicht selbst etwas dagegen tun, kann man die Dachböden nicht säubern, die Dächer nicht decken? Nein, den Menschen in der Deutschen Demokratischen Republik war das, soweit sie unter diesen Dächern wohnten, nicht mehr einsichtig. Auch Ziegeleiarbeiter lebten mit Wanzen, Würmern und Zecken zusammen, ohne sich der Misere zu erbarmen; sie alle hatten jeden Common sense verloren, sie versammelten sich getreu der narzißtischen Parole: »Geschieht meinen Eltern ganz recht, wenn mir die Finger erfrieren, warum geben sie mir keine Handschuhe?« und warteten im übrigen auf ihren Umzug in den Plattenbau, wo alles besser werden sollte. Aktivität muteten sie sich selber nicht mehr zu. Der Staat und seine Organe sollten es richten, hier war die Staatstreue nach dem Gesellschaftsvertrag von 1953 unbedingt.

Ein Werteverfall in doppelter Hinsicht – nicht nur die Häuser verfielen, und das Ungeziefer zog ein, auch die sittliche Verpflichtung auf anständige Arbeit gab ihren Geist auf. War am Ende doch das System schuld, weil es seine Bürger dazu verführte, die Arbeit einzustellen, obwohl es offiziell immer mehr Leistung herbeiwünschte? Hätte das System zur Arbeit zwingen sollen, um schuldlos zu bleiben? Das allein wäre schon eine dialektisch fintenreiche Überlegung wert.

Prominente Exbürger der Deutschen Demokratischen Republik, allesamt ausgewiesen als Mitglieder der Bürgerrechtsbewegung oder wenigstens als späte Systemkritiker, wissen den Attentismus ihrer Mitbürger als quasi-strategische Passivität, als letzte Macht der Ohnmächtigen zu rühmen. Dabei wird zuweilen in öffentlichen Gesprächen der gewaltlose Widerstand Gandhis gegen das britische Kolonialregime in Analogie bemüht, so als wäre die Deutsche Demokratische Republik unter blutige Kolonialverwaltung geraten. In einem Gespräch mit dem Literaten Rolf Schneider, der 1976 in der Folge der Ausweisung Wolf Biermanns in den Westen kam, wurde ich nachdrücklich – in Berufung auf Gandhi – darüber belehrt, die DDR-Bevölkerung habe sich dem gewaltlosen Widerstand verschrieben gehabt, und der Westen dürfe froh darüber sein, nun, angesichts der skandalösen Zustände, nicht mit ostdeutscher Gewalt konfrontiert zu werden.

War erst die Sowjetunion der Kolonialherr und nun der Westen, gar die Bundesrepublik? Was die Parole von der Kolonisierung der ehemaligen Deutschen Demokratischen

Republik angeht, wäre es wohl das erste Mal in der Kolonialgeschichte, daß die Kolonisierten mit materiellen Segnungen überhäuft werden. Aber die Parole stimmt nicht einmal im Ansatz, denn die Volkskammer hatte den Beitritt selbst beschlossen. Von einem auf den anderen Tag wurden die Mühseligen und Beladenen des DDR-Systems in die Rentenversicherung integriert und zumindest auf die Höhe der westdeutschen Sozialhilfe, wenn nicht gar auf die Ebene von Kurzarbeit-Null und Arbeitslosenunterstützung gehoben, ohne daß sie jemals einen Beitrag dazu geleistet hätten.

Gandhis gewaltloser Widerstand, der sich dem militärischen britischen Kolonialismus entgegenstellte, dabei sehr aktiv war und seinen Landsleuten die Macht des hurtig rotierenden Spinnrades nahezubringen suchte, um die eigenständige Textilproduktion energisch und tatkräftig wieder in Gang zu bringen, setzte auf Tätigkeit und auf Fleiß.

Mit gewaltlosem Widerstand gegen das Regime hatte die Tätigkeitsverweigerung in der Deutschen Demokratischen Republik wohl kaum etwas zu tun, solche nachträglichen Euphemismen verfangen nicht. Aber wenn es denn so gewesen wäre, wäre nicht doch das »System« verantwortlich zu machen? Hätte es die Passivität der Bürger herausgefordert, um sich selbst nach Jahrzehnten den Garaus machen zu lassen?

Sehr dialektisch gedacht.

Irritierend an diesem Diktum, das sich auf mehr oder weniger diktatorische oder wenigstens autoritative Verhältnisse beruft, ist, daß ausgerechnet Nichtstun zum probaten Mittel avanciert, sich unliebsamer Lebensumstände zu entledigen. Als theoretische Frage mag das auch im Westen bedenkenswert erscheinen. Aber ist sie auch praktisch? Zweifelsohne glaubt der typische Westler bisher, nur durch Tätigkeit, durch praktisches und kommunikatives Handeln ließen sich die Verhältnisse ändern und zum Besseren wenden.

Und die Ostdeutschen – nehmen wir nur die intellektuelle Vorhut, wären sie inzwischen hinreichend kolonisiert? Man darf Zweifel haben.

Jens Reich, aufgewachsen in der ehemaligen Deutschen Demokratischen Republik, von den Grünen/Bündnis 90 ehemals nominierter Aspirant auf das Bundespräsidentenamt, Mediziner, Molekularbiologe, Computerfachmann, Antikapitalist und Hegelkenner, also ein hochgelehrter und spätberufener Kritiker der DDR-Gesellschaft, reproduziert den realsozialistischen Affekt seiner Landsleute gegen Arbeit mit verblüfftem Schaudern.

Jens Reich ist auch bedeutender Repräsentant des »Neuen Forums«, das den Weg des demokratischen Sozialismus – so wie er dort gedacht werden konnte – gehen will. Noch nach dem faktischen Zusammenbruch erscheint ihm nun die Notwendigkeit menschlicher Arbeitsleistung suspekt. Als hätte er niemals Marx gelesen, als wäre ihm Adorno unbekannt, auf den er sich in seinem Buch *Rückkehr nach Europa* zumindest stilistisch beruft, möchte er seine DDR-Bürger und zukunftsweisend auch die Westler vor Arbeit und Leistung warnen.

Ein Wahlslogan der Westpartei FDP zur ersten gesamtdeutschen Wahl 1990, »Freiheit ist Leistung«, kam ihm »so merkwürdig verdreht bekannt vor«, brachte ihn auf einer westlichen Autobahn (!) zum Grübeln, bis vor seinem inneren Auge das »Gußeisenschild« über dem Lagertor von Auschwitz auftaucht: »Arbeit macht frei! O Gott, welch unfreiwilliger Fehlgriff!« stöhnt er angesichts der vor ihm auftauchenden Lager, die nun die Bundesrepublik schon vorbereitet.

Unrecht hat er.

In dem berühmt gewordenen, überaus stimulierenden »Hennecke-Lied«, das möglicherweise seinerzeit auch Jens Reich nicht mitgesummt hat (Hennecke war ein von der Partei vorgeschobener Bergmann und nach westdeutschem

Sprachgebrauch ein Malocher und dann Aktivist im Bergbau; er sollte seinem sowjetischen Kollegen Stachanow folgen und Übersoll hervorbringen – und er hat es getan, mehr als 300 % des unter normalen Umständen Möglichen. Alles war für ihn vorbereitet, die Filmkameras der Ostzone waren auf ihn gerichtet. Keiner seiner Genossen hat hernach noch ein Wort mit ihm geredet, weil er sich zum Vorzeigeobjekt für Leistungsfähigkeit hatte herabwürdigen lassen), heißt es ganz selbstverständlich innerhalb der 1949er Aktivistenbewegung der Deutschen Demokratischen Republik: »Arbeit macht frei«.

Ist schon recht. Wer über so schwammige antifaschistische oder auch andere Gesinnungsethik gebietet, für den gehören Leistung, ZK und KZ wohl irgendwie zusammen. Und obwohl sich Jens Reich mancherorts in dem genannten Buch über Faulheit, Schlamperei und Gleichgültigkeit der ehemaligen Deutschen Demokratischen Republik beklagt, scheint ihm Freiheit ohne Leistung angemessen. Am Rande bemerkt: die FDP hat sich im ›antifaschistischen‹ Beitrittsgebiet wahrscheinlich nicht als Wiedereinrichter von KZs empfehlen wollen, ist wohl auch nicht von den massiert auftretenden Pseudo-Rechtsradikalen, die die Deutsche Demokratische Republik als Erbe hinterlassen hat, gewählt worden, sonst hätte sie dort die 5%-Hürde mit Leichtigkeit überspringen müssen. Nein, die Wahlstrategen der FDP unterlagen, in völliger Verkennung der faktisch gegebenen örtlichen Bedingungen, dem Irrtum, daß die Erinnerung an bürgerliche Schaffensfreude mit Freiheit gleichgesetzt würde. Fürwahr, welch unfreiwilliger Fehlgriff.

Was nun, wenn wir im Westen durch die eminent erfolgreiche praktisch-passivische Lebensmaxime derer aus dem Osten zu neuer Einsicht kämen und alle Tätigkeit einstellten und erwartungsfroh auf den Staat schauten? Ob wir dann nach abermals 40 Jahren auf dem Weg nach Westen vielleicht der Republik Frankreich und den Beneluxländern, am besten gleich dem Vereinigten Königreich beitreten und zur Last fallen könnten? Expansion durch Nichtstun?

Schon regt sich erheblicher Widerstand bei der Europäischen Kommission, den offensichtlichen Attentismus weiter zu subventionieren. Es wächst aber auch Unmut, die den neuen Bundesländern praktizierte Erosion europäischen Rechts (Vulkan, VW, Leuna etc.) zugunsten der ostdeutschen Bevölkerung weiterhin zuzulassen.

Kehren wir noch einmal kurz zurück zu unserem Diplomingenieur auf dem Kugelturm zu Tangermünde. War ihm bei dem Gespräch über das ungedeckte Dach seines Elternhauses etwas beklommen geworden, wurde er im Laufe der weiteren Unterhaltung wieder mutiger. Wenn sie in seinem Kombinat keine Materialien geliefert bekommen hatten, haben sie sich die beispielsweise dringend benötigten M8-Muttern eben selbst geschnitten und gedreht, aus dem Stahlblech, das ihnen zur Verfügung stand. »Und da waren wir schon immer besser als ihr im Westen, wir können nämlich improvisieren.«

Es war offensichtlich zwecklos, und so verkniffen wir uns die Frage nach einer vernünftigen Arbeitsteilung genauso wie die Fragen, warum das Kombinat keine Muttern geliefert bekam, was die Mutterndreher von der Arbeit abhielt und ob die Leute, die nun statt dessen die Muttern drehten, nicht an anderen Stellen fehlten.

Eine Kollegin des Ingenieurs, ebenfalls diplomierte Ingenieurin, hatte sich, nach den vielen Stufen heftig atmend, zu uns gesellt, prüfte kurz und sachverständig den Stand der Funkantenne, bestätigte ihren Vorredner und erklärte, das Mutternproblem nonchalant übergehend: »Wissen Sie, es gab bei uns alles, Sie konnten alles kriegen, Sie mußten bloß wissen, wo und wie.« Mit diesem Satz führte sie uns in ein abenteuerliches Gewimmel von Verbindungen, Verpflichtungen und Absprachen, in dem der eine dies und der andere jenes zu geben hatte. Sie schilderte arglos ein ausgreifendes Bandenunwesen von Kleinkriminellen und auch größeren Kalibern, die stahlen, abzweigten und verschoben, die sich wechselseitig bestachen und bestechen ließen und die mageren Warenströme an den wenigen Ausgebufften zum Eigennutz vorbeilenkten. Manchmal ging das fast bis an die Grenze der Selbstlosigkeit, denn die betriebliche Ebene vermischte sich ohne weiteres mit der privaten. So konnte man etwa einen Auspuff für den eigenen Lada bekommen, wenn man sich in der Lage sah, für die Betriebskantine ein Heizelement für den Herd zu besorgen, und, so schloß sie triumphierend – und wir hätten es nun schon im west-östlichen Chor mitsingen können: »Da waren wir immer besser als ihr im Westen, ihr hattet ja sowieso schon alles.«

Sie vergaß zu erwähnen, daß alles das, was wir im Westen sowieso schon hatten, eben deswegen vorhanden war, weil es zuvor von den westlichen Brüdern und Schwestern unter den bemitleidenswerten Umständen der kapitalistischen Produktionsweise hergestellt worden war.

Der Ingenieurin hätte doch als merkwürdig auffallen müssen, daß einerseits im kapitalistischen Westen Dinge hergestellt wurden, die im Osten heiß ersehnt waren (etwa Dachziegel) und die das Leben enorm vereinfacht hätten, daß daraus andererseits aber nicht der Schluß gezogen wurde, diese Dinge selbst herzustellen. Wir Westler, noch ganz fasziniert von dieser eigentümlichen Logik, haben sie darauf nicht angesprochen. Aufgefallen war sie uns wohl, aber wir schwiegen, wie wir das im Westen nie getan hätten. Im Westen hätten wir sofort gefragt: »Na und, wie dann weiter?«

Ob wir wohl vom Osten schon halbwegs begeistert waren, wo es alles gab, wenn man nur die richtigen Verbindungen hatte? Waren wir dem Charme der Täuschung schon erlegen, oder verhielten wir uns wie Ethnologen, die den Einheimischen die Geheimnisse ihrer kläglichen Existenz nur abzulauschen versuchen?

Von solchen Träumereien holte uns die gelernte Ost-Ingenieurin zurück: Erst mit dem ehrgeizigen Plan, in der Deutschen Demokratischen Republik den 1-Megachip zu entwickeln (als das stattfinden sollte, war die Entwicklung des 16-Megachip im Westen schon abgeschlossen, der 64er in Vorbereitung), habe sich manches verändert, da hätten tatsächlich die Lieferengpässe allenthalben begonnen.

Da versucht man sich dann als stupider Westler vorzustellen, wie alle Arbeiter, Bauern und die Intelligenz, dem Ruf des Systems folgend, gemächlich auf den 1-Megachip zugewandert sind, ihre Arbeits- und Beschäftigungsplätze verlassen haben und sich kurz darauf die Knappheit der einfachsten Güter noch mehr ausgebreitet hat.

Noch heutzutage (1999) wird auf ostdeutschen Baustellen gestohlen, was nicht niet- und nagelfest ist. Erst war es Brauch, dann durch den 1-Megachip zur verschärften Notwendigkeit geworden, und nun ist es halt so Sitte. Bauherren, die heute in Altbauwohnungen in Ostdeutschland WCs, Duschen und Heizungen einbauen, finden am nächsten Tag, wenn sie Pech haben, nichts mehr wieder.

7. Die vielgerühmte Solidarität

Ostdeutsche Experten schätzten das Wirtschaftssystem der Deutschen Demokratischen Republik als das erfolgreichste des gesamten Ostblocks. In Kreisen westlicher Ökonomen hingegen war immer von »Murks« die Rede gewesen und seit dem Zusammenbruch von »Mangelwirtschaft«.

Wie es dazu kommen konnte, wird kaum erläutert; niemand scheint sich dieses Debakels annehmen zu wollen, so wird es als Tatbestand hingenommen. Mangelwirtschaft ist offenkundig die Schwester der Plan- und Kommandowirtschaft, wobei leicht in Vergessenheit gerät, daß auch im Kapitalismus geplant wird, und zwar nach allen Regeln der Kunst und mit einigem Erfolg; allerdings wird auch das Kommando, die Arbeit aufzunehmen, anders als im Osten, zumeist noch befolgt. Der Faktor Mensch, der den Ökonomen bei ihrer Konzentration auf ihre theoretischen Modelle häufig zu entschwinden scheint, spielt im wirklichen Leben eine größere Rolle, als die Modelle es vermuten lassen. Denn sie unterstellen stillschweigend den arbeitswilligen Menschen, weil sie ihn als Produktivitätsfaktor kennen und schätzengelernt haben. Aber es geht auch anders.

Die ökonomische Malaise der Mangelwirtschaft war für die DDR-Bevölkerung einerseits beklagenswert, weil sie zu materieller Kargheit führte, andererseits verbürgte sie sich für ein allseitig geruhsames Leben, und weiter beförderte sie in der Deutschen Demokratischen Republik eine der schönsten menschlichen Tugenden überhaupt – die vielgepriesene Solidarität.

Solidarität wird gemeinhin definiert als das unbedingte Zusammenhalten aufgrund gleicher Anschauungen und Ziele, um widrigen Umständen abzuhelfen. Im politischen Zusammenhang haben wir uns daran gewöhnt, daß Solidarität vonnöten ist, wenn gesellschaftliche Zustände in gemeinsamer Anstrengung gegen die Bewahrer des Status quo oder gegen die Unbilden der Natur verbessert werden sollen.

Das muß nicht immer so sein – die DDR-Gesellschaft lehrt uns, Solidarität auch dort zu erkennen, wo die gemeinsame Anstrengung zwar nichts überwinden will, jedoch den widrigen Umständen einiges abzugreifen und abzutrotzen vermag.

Niemals zuvor hat es in der deutschen Geschichte eine solche Unfähigkeit gegeben, nur das Minimum gesellschaftlich produktiver Kohärenz aufrechtzuerhalten. Die Deutsche

Demokratische Republik war angesichts des selbstfabrizierten Mangels in kleine, als Seilschaften organisierte Opportunitätszirkel zerfallen, die sich nicht scheuten, begehrte Güter – und das konnte fast ein jedes sein, wenn es nur seinen Zweck in etwa erfüllte – unter dem Siegel der Verschwiegenheit zu verschieben und untereinander zu verteilen. »Es gab alles«, so die stete Rede bis heute, »man mußte nur wissen, wo und wie.«

Die Solidarität, der die Ostdeutschen nach der Vereinigung nachtrauern, hatte in der Deutschen Demokratischen Republik einen völlig verqueren Sinn angenommen, der nicht im mindesten gegen die als gemütlich empfundene Diktatur gerichtet war.

Solidaritätsstiftend wurde die Praxis des gegenseitigen Helfens innerhalb der sozialen Milieus, aber nicht bei Not und Gefahr gegen einen bedrohlichen Gegner, sondern bei der mehr oder weniger eleganten Bewältigung des Alltags. Helfen konnte der eine oder andere, der in dieser oder jener Position saß, er konnte Posten freiräumen oder schaffen, also Lebenschancen für den Nachwuchs eröffnen. Das ging durchaus auch ohne Parteibuch. Helfen konnte jeder, der in Produktion oder Handel Zugriff auf die wenigen verwertbaren Güter hatte. »Bückware«, Material oder Maschineneinsatz. Solidarität.

Geholfen wurde im Familien- und Freundeskreis, dem sich Bekannte zugesellten, die ihrerseits wieder Familien, Freunde und Bekannte hatten. Wer auch immer über irgend etwas verfügte und es bei Bedarf verteilen konnte, half damit »Freunden« aus demselben sozialen Milieu. Solidarität.

Dabei ging es nicht so sehr um den materiellen Wert der bereitgestellten Wohltat, sondern um die Bestärkung der gemeinsamen Lebenssicht, dem Arbeiter- und Bauernparadies bei sich bietender Gelegenheit etwas von seinen mageren Pfründen abzuzwacken, um persönliche Konsumchancen zu erhöhen. Solidarität.

Diese unentwegten Zugriffe und solidarischen Verteilungen kamen Geschenken gleich, die aber nicht zu Dankbarkeit verpflichteten, sondern weitere Erwartungen schürten, denn allen Beteiligten war klar, daß der »Schenkende« nicht wirklich etwas von seiner persönlichen Habe, geschweige denn wirklich von Herzen gegeben hatte, sondern daß er nur – in welcher Form auch immer – »Volkseigentum« verteilte. Und so taten es auch die anderen. Man tat jemandem einen Gefallen und konnte sicher sein, daß dieser bei allfälligem Bedarf ebenfalls auf Kosten der Allgemeinheit erwidert wurde. Diese dem Anschein nach wahrhaft großherzige wechselseitige Versorgung auf Kosten der Gesamtgesellschaft erklärt möglicherweise die anhaltende Lust der ostdeutschen Bevölkerung auf Schenkungen, Übereignungen und unentgeltliche Wohltaten, die sie weiterhin erwartet. Schenken hat hier einen eigenen Klang – man wird beschenkt, sonst macht sich Enttäuschung breit; man schenkt, vermeidet Enttäuschung und verteilt privat nur das, was anderen gehört.

Wenn man so will, war das alles kriminell, denn auch das Strafgesetzbuch der Deutschen Demokratischen Republik kannte da kein Pardon. Doch diejenigen, die die Chuzpe hatten, den Buchstaben des Gesetzes zu widerstehen und der Mangelwirtschaft Tauschbares abzuzweigen, waren so viele, daß sie kaum etwas zu befürchten hatten; alle, die auch nur den windigsten Zugang zu Ressourcen hatten, waren am Modell Solidarität beteiligt. Die Ungleichheit zwischen Allgemeinwohl und Eigeninteresse wurde zur gesellschaftlichen Veranstaltung unter gemeinschaftlicher Verschwiegenheit.

Mit anderen Worten: Auf Kosten der Allgemeinheit versorgte sich die Gemeinschaft der Abgreifer und Verschieber gegenseitig. Die dadurch fortwährend gedüngten sozialen Bande atmeten in der Wüste der Mangelwirtschaft den

Hauch oppositioneller Menschlichkeit und narzißtischer Kompensation. Wirkliche freundschaftliche Bande und nur durch »Solidarität« gestiftete »Freundschafts- und Vorzugsgemeinschaften« ließen sich kaum mehr auseinanderhalten. Wir kennen das inzwischen aus den Selbstzeugnissen derer, die das Verschwinden der Solidarität lebhaft beklagen, und natürlich aus den Stasi-Akten, aus denen auch hervorgeht, daß sich die Informanten im Moment der Wende alleingelassen und unsolidarisch behandelt fühlten.

Man half sich wechselseitig aufgrund seiner Verbindungen und wirkte dadurch selbstlos, auch wenn dabei die Grenze zwischen freiwilligen und notgedrungenen sozialen Kontakten bisweilen verwischt wurde. Das Beste daran war, daß es niemanden etwas zu kosten schien. Wer die entsprechenden Drähte zu ziehen verstand, war fein raus. Die wechselseitigen Verbindlichkeiten konnten bei entsprechender Gelegenheit leicht ausgeglichen werden, stimmten froh, siegesgewiß und schufen dieses unnachahmliche Gefühl wirklicher DDR-Solidarität. Das heißt nicht, daß DDR-Solidarität auf dem Wege der Bestechung oder Erpressung funktioniert hätte.

Diese Mischung aus wechselseitiger Vorteilnahme, geschmeidiger Korruption und quasifreundschaftlicher Bestechung sollte man sich auf keinen Fall in den Dimensionen von Mafiatätigkeit vorstellen. Niemals. Ostdeutsche Bürger, die so etwas ähnliches bildeten, was Soziologen die »Mittelschicht« nennen, haben sich an den Couchtisch gesetzt, ein Glas bulgarischen Rosenthaler Kadarka getrunken, vielleicht noch ein Gläschen Goldbrand oder gar Goldkrone-Weinbrand, und dann war der Handel auch abgeschlossen. Kein Risiko. Dagegen stand die Behäbigkeit der Solidaritätsteilnehmer, die in ihrem Gemeinwesen ohne sizilianisches Risikotemperament auskamen.

Das sogenannte Volkseigentum entwickelte sich so immer mehr zu einer Art von privatem Zugriffseigentum, an

dem man sich inoffiziell und freundschaftlich schadlos halten konnte. Der inoffizielle solidarische Zusammenhalt verwischte Zug um Zug, daß es sich um die private Ausbeutung und Aneignung öffentlicher Ressourcen handelte, und gewann noch ein weiteres: Wer die Solidarität betrieb, konnte gewiß sein, als menschlicher, selbstloser und letztendlich auch antibürokratischer und oppositioneller Charakter zu gelten. Anders gesagt: als ein charmanter, hochangesehener Plünderer. So hätte es weitergehen können, wenn nicht die harte wirtschaftliche Realität der Solidaritätsidylle den Bankrott gegenübergestellt hätte.
Kein Wunder, daß die Betreiber des DDR-Solidaritätssystems sich über den Beitritt zur Bundesrepublik erregen.

Unterstellt, eine wie immer große Mehrheit der DDR-Bevölkerung habe an den Segnungen der Solidarität teilgenommen – anders wäre die häufige Klage über deren Verschwinden kaum zu erklären –, hätte man es dabei mit einer Bevölkerungsschicht zu tun, die Betrug, sanfte Korruption, manierliche Bestechung und freundschaftliche Unterschlagung als Normalfall des gesellschaftlichen Zusammenlebens erfahren hat.

In einem solchen kulturellen Muster sind private und soziale Verantwortung gegenüber der zu verteilenden Menge bisher erwirtschafteter Güter und Chancen aufgelöst. Nun stellt sich leicht die Frage nach der Moral der Solidaritätsmanager. Und was ist mit den anderen, die dieser Solidarität nicht teilhaftig wurden? Denn die gab es auch in der ehemaligen Deutschen Demokratischen Republik. Es ist ja kaum anders zu denken: Wenn die Zugriffsmöglichkeiten begrenzt sind, können sich nicht alle an der »Solidarität« bedient haben. Nicht mit von der Partie waren die ungezählten Menschen, die diese Praktiken als anrüchig empfanden und geradezu kauzig nur das in Anspruch nahmen, was sie sich leisten konnten, die redlich und nach ihren Möglichkeiten gearbeitet haben. Anders wäre das DDR-Modell der spezifischen »Solidarität« nicht denkbar gewesen, denn auch dort galt: Die selbsternannten Zugriffsberechtigten konnten nur einkassieren, was zuvor von anderen unter DDR-Bedingungen hergestellt worden war. Damit gab es seine Schwierigkeiten, wie wir nun wissen.

8. Das Geschenk der Einheit

Nun waren wir damals als westliche Besucher angetan von der sich anbahnenden deutschen Einheit, regelrecht verzaubert von dem ostzonalen Selbstbewußtsein und der überraschenden Solidarität zwischen gut genährten Vorteilsuchern und auch fasziniert von dem Versuch, in der DDR den Megachip nachzubauen zu wollen, den es längst überall zu kaufen gab. Auch hatten wir tiefes Verständnis für die Ansicht, daß gerade diese Versuchsentwicklung die Deutsche Demokratische Republik aus den Fugen geraten lassen konnte. So ein winzig kleines Ding und solche Folgen. Wir waren damals noch nicht diese heute allenthalben gescholtenen »Besserwessis«, sondern eher neugierige Touristen.

Der Weg von Tangermünde nach Wismar führt über Stendal. Henri Stendhal, der französische Romancier, der mit den napoleonischen Truppen einst in Stendal war, hat der Legende zufolge eines schönen Erlebnisses wegen seinen Nachnamen Beyle in Stendhal geändert. Seine Romane berichten von dem Kampf um individuelle Freiheit. Als Kritiker des französischen Restaurismus, wäre er entsetzt gewesen, wenn er diese Stadt als Ergebnis des ›restaurativen‹ Sozialismus hätte wiedersehen müssen. Wir nahmen das seinerstatt auf uns.

Was den Unrat und Zerfall anging, zogen die DDR-

Reichsbahn in ihren weitläufig maroden Gebäuden und die Bürger dieses Städtchens wohl an einem Strang. Sie hatten dieses schöne Städtchen zu einem Platz höchster Widerwärtigkeit und des Verfalls entwickelt.

Daß viele Jahre später eine Eisenbahnlinie mit Hochgeschwindigkeit dieses verlotterte Städtchen anlaufen würde, hat keiner wissen können. Man konnte den armen Kanzler Kohl nur bedauern, als 1998 der ICE-Zug auf der neuen ICE-Trasse in Stendal hielt und ihm eben die Menschen, die für das Elend dieser Stadt verantwortlich waren, Transparente entgegenhielten, er, ausgerechnet er solle diesem Bahnhof seine Gunst erweisen und Arbeitsplätze schaffen.

Der mittelalterliche, ein wenig unglücklich wirkende Roland am Marktplatz hatte alles mit angesehen, verriet aber nicht, was er von den Zeitläuften hielt. Das tat an seiner Stelle jemand anderes, der sich als Tierarzt einer LPG zu erkennen gab und uns klarmachte, welches Geschenk auf uns zukomme.

»Alles das« – und seine ausholende Armbewegung umschloß Gerümpel und Müllberge, zusammenstürzende Häuschen aus verschiedenen Jahrhunderten sowie abgesackte Straßen und herunterhängende, nutzlos gewordene Stromleitungen – »wird nun euch gehören.«

Mit »euch« waren wir Westler gemeint. Auf meine Frage, ob er das »politische Geschenk der Einheit« im Sinn habe, daß also die Deutschen wieder zusammenfinden könnten, antwortete er mit einem klaren Nein. Er meinte tatsächlich diese alte kleine, zugrundegerichtete Stadt, auf die er mit Stolz, Wärme und Wehmut blickte, so als ginge seine noch zu junge Tochter aus dem Haus, um mit einem leichtfertigen Spieler in einer unsoliden kapitalistischen Kalesche zu entschwinden.

»Vielleicht ist das aber doch eher ein Danaer-Geschenk«, warf ich ein, »denn das alles wiederherzurichten wird doch viel Arbeit, Mühe und Geld kosten.« Davon wollte er nichts wissen, da war er mit seiner Geduld am Ende, und in völliger Umkehrung der Parabel des Trojanischen Pferdes konstatierte er, auch er sei nicht mit allem zufrieden gewesen, aber nun werde sich das gierige Kapital alles unterwerfen. Er stapfte zornig davon, um seine sozialistischen Rinder mit Anabolika zu versorgen.

Wir fuhren weiter durch Landschaften, derer sich der sozialistische Mensch wohltuend nicht angenommen hatte. Nur dann und wann – Zeichen seiner letztendlichen Allgegenwart – stülpten sich entlang des Weges irritierend rostende Rohre aus dem Boden, schlugen eigentümliche Haken, mal seitwärts, mal nach oben, präsentierten ihre in Fetzen hängende Isolierung, verschwanden dann wieder in der Tiefe des Erdreichs, wahrscheinlich um sich von der Hölle neue Instruktionen und Wärme zu leihen, um alsbald wieder in menschenleerer Umgebung aufzutauchen und in völlig verrotteten Silos und gräulichen Baracken vorläufig Unterschlupf zu finden.

Uns bewegten noch die Gedanken an das Geschenk, das wohl mehr ein Erbe bedeuten würde, welches man angesichts der Verwüstungen vielleicht besser nicht antreten sollte. Wir mochten uns gar nicht als Beschenkte fühlen und haderten noch mit dem Antritt der Erbschaft, weil wir als Bundesrepublikaner ja schon einmal eine Erbschaft angetreten hatten, die nicht so einfach zu übernehmen war, nämlich die des Dritten Reiches. Das neue Erbe auszuschlagen wäre aber auch töricht, denn wie sonst sollte dieses zerrissene Deutschland jemals wieder zusammenkommen? Aber was sollte aus dem »realsozialistischen deutschen Gefühl« in demokratischer deutscher Gewandung und in modernen Zeiten werden?

Von der Richtigkeit dieser Zweifel wurden wir im Hafen von Wismar überzeugt. Es war ein wenig dämmrig geworden, als wir ankamen und unser Auto parkten. Am nächsten Tag sollte auch in der Deutschen Demokratischen Republik

Muttertag gefeiert werden. Nur 30 Meter von der Mole entfernt stand mutterseelenallein ein Fliederbäumchen auf einem kleinen Rasenstück, sein Stamm gerade mal armdick. In seiner Krone blühten noch ein paar Dolden, der Stamm hatte alle unterwärtigen Äste bereits eingebüßt, und man konnte erkennen, daß noch kurz zuvor schonungslos Zweige herausgerissen worden waren.

Nun waren wir in Wismar, einer Stadt mit gotischen Kirchen und Backsteinbauten, ehemals und immer noch heißt es im »Baedeker« »Perle der Hanse«. Davon war wenig zu sehen. Vielleicht waren wir keine Trümmerexperten. Wir liebten ja nicht den Verfall, den jeder anständige Tourist an der Akropolis zu würdigen hat. Wir gewärtigten eine zusammenbrechende Stadt mit maroden Kais, eingestürzten Häusern und der St.-Georgen-Kirche, von der seit Kriegsende nur noch die Außenmauern standen – alles war zu Bruch gegangen, als sei ein Taifun über den Ort gefegt. Noch in diesem geschichtssinnigen Eindruck befangen, sahen wir einen beleibten Wismarer Familienvater diesen tapferen Fliederbaum besteigen, welcher sich unter diesem beträchtlichen Gewicht bedenklich biegen mußte. Dieser schwere DDR-Bürger riß ihm dann alles an Blüten ab, was ihm seine Mitbürger noch übriggelassen hatten; ein Genosse stand erwartungsvoll unter ihm und nahm den Raub in Empfang.

Solchem Treiben kann der zu ökologischem Bewußtsein angehaltene Westler nicht einfach zusehen. Aber wirklich – kommen wir nicht aus Städten, in denen einzelne Bewohner ohne jeden Auftrag die Baumscheiben an ihren Straßen, kleine Grünflächen zwischen Parkplätzen und jede nur erdenkliche Fläche mit Blumen besetzen? Streiten wir nicht um jeden Baum, den wer auch immer abholzen will? Und bestehen wir, wenn uns einer vom Gartenbauamt erklärt, es müsse sein, nicht auf einer neuen Pflanzung? Ja, so sind wir Westler, nur stur überzeugt, es richtig zu machen, wenn wir der Ödnis trotzen. Wir wissen inzwischen, ökologisch unterwiesen, daß die private Aneignung von Natur nichts Gutes birgt, und befinden uns dabei auch in bester Gesellschaft mit Marxens Kritik an dem »Gothaer Programm«, in der er seinerzeit schon ausführte, Natur könne nicht einfach vernutzt werden. Also sagten wir zu diesen beiden ostzonalen Grobianen, naiv auf die vermeintliche Autoritätsgläubigkeit der Ostdeutschen setzend:

»Hallo, Sie, Sie können doch diesen Baum nicht so malträtieren.«

Da hatten wir uns aber geschnitten. Entweder hatten die beiden Rüpel gleich erkannt, daß wir keine richtige Autorität waren, oder gemeint, wir wollten selbst an den volkseigenen Flieder heran.

»Haut ab«, brüllten sie, was wir denn für »Westarschlöcher« seien, und drohten, wir bekämen »gleich was reingehauen«.

Wiederum haben wir als Westdeutsche von einer weiteren Diskussion Abstand genommen. Wir Westdeutschen kneifen oft gegenüber Ostdeutschen; unser Herz und sogar unser Verstand sind voller Mitleid, und wir wollen mit Gemeinheit und Roheit nichts zu tun haben. Wir tragen Toleranz und Empathie vor uns her, weil wir es gelernt haben – und das ist nicht wenig angesichts der DDR-verblümten Herzlichkeit, die den Verstand nun gar nicht zu seinem Recht kommen läßt.

Wir haben klein beigegeben. So genau wollten wir es denn doch nicht wissen, wie die Ostdeutschen mit ihrer Natur umgehen, und überließen die Wilderer ihrem Treiben. Wir stellten uns vor, daß sie mit diesem letzten spärlichen Flieder ihren sozialistischen Heimstätten zustrebten, um ihre Frauen zu beglückwünschen, nicht ahnend, daß dieser Festtag, unter dem die realsozialistische Flora so zu leiden hat, Anno dazumal von den Nationalsozialisten eingeführt worden war.

Am Marktplatz wurde ein klassizistisches Haus von

Grund auf renoviert, nur noch die abgehalfterten Fassaden standen. Eine Bank hatte sich des Gebäudes angenommen, ohne zu ahnen, daß ihr das eines Tages als Usurpation ausgelegt werden würde.

Auf dem gerupften Fliederbaum war am nächsten Morgen noch eine einzige Dolde zu sehen, die wandte sich auf fingerdünnem Ast der Mole zu. Sozialistischer Realismus.

9. Im Land der Ahnungslosen

In Stralsund fanden wir Unterkunft im ersten Hotel am Platze, direkt am Hafen gelegen. Ein turmartiges Backsteingebäude, ein sozialistischer Söller, der seine offizielle Bedeutung schon mit dem in der Deutschen Demokratischen Republik allgegenwärtigen Desinfektionsmief bekundete. An der Anmeldung wurden wir von einer Frau abgefertigt, die wohl schon ahnte, daß die Glanzzeiten dieses Hauses demnächst vorbei sein würden. An ihr sollte es also nicht liegen, wenn alles so weiterginge wie bisher. Einhundertundfünfzig Westmark seien für ein Doppelzimmer zu entrichten, legte sie fest. Ihr üppiges Haar hatte sie zu einem Knoten geschlungen, und sie trug eine Miene zur Schau, wie sie die verdienten Menschen in Ostdeutschland gerne zur Schau tragen: Die Mundwinkel sind heruntergezogen, die Züge in steinerne Ernsthaftigkeit gebettet, was heißen soll: Mit mir ist nicht gut spaßen, ich bin hellwach und erkenne jeden Versuch, vom Pfade der Tugend abzuweichen, und ich werde ihn nicht dulden; ich stehe hier für die Partei und für die von ihr vertretenen Arbeiter und Bauern, und wer's nicht glaubt, wird ihre und meine Macht zu spüren bekommen.

Es war ihr sichtlich unangenehm, nun uns vergnügungssüchtige Westler beherbergen zu sollen; obwohl sie die Russen, Polen, Bulgaren oder sonstige Gäste aus dem Sowjetimperium bestimmt genauso grimmig empfangen hatte. Niemand sollte sich einbilden, er sei hier willkommen: Die reine, unabweislich dienstliche Notwendigkeit führte das Diktat und die Berechtigung für Logis. Nun galt das sicherlich für die wackeren Abgesandten der Brudervölker, denn sie waren es nicht anders gewöhnt; uns hingegen war es befremdlich.

Sie ließ uns alle möglichen Formulare, die in deutsch, russisch und einigen osteuropäischen Landessprachen abgefaßt waren, unterschreiben, in denen wir versicherten, keine Fremden in die Stätte der sozialistischen Gastlichkeit mitzubringen, es sei denn in das Restaurant, das sich wahrhaft exklusive Öffnungszeiten vorbehalten hatte. Im Hotelzimmer durften keine Spiegeleier gebraten werden, und auch das Bügeln war streng verboten. Zwingend erforderliche Telefongespräche wären nach zuvoriger Anmeldung von der Halle aus zu führen, und was der Vorsichtsmaßnahmen mehr waren. Dann händigte sie uns streng, besser gesagt, steinhart blickend (sie hatte diesen Breschnew-Blick: absolute Überdosierung von Cholesterin), endlich den Schlüssel aus und erklärte, der Fahrstuhl sei außer Betrieb. Alles andere hätte uns überrascht – viel Getöse und kein Lift.

Während wir die fünf Stockwerke in Angriff nahmen, griff sie nach dem mit Leukoplast umwickelten Telefonhörer und blickte uns düster nach.

Es war uns klar, daß wir in einem vielfach belobigten Hotelbetrieb untergekommen waren, die entsprechenden Auszeichnungsdokumente waren in der Halle zu bestaunen. Das Zimmer selbst sorgte dennoch für Verblüffung – der Anblick war durchaus die 150 DM wert: Es starrte vor Schmutz. Der üppige Orientteppich, sicherlich ein Gastgeschenk längst verstorbener fremdländischer Würdenträger, nährte sich offensichtlich von verschütteter Soljanka und Krimsekt. Der Stasi-Klimbim war mit bloßem Auge in allen

Ecken erkennbar, und unter den Betten lagen Zigarettenschachteln und leere Flaschen; die Betten selbst waren allerdings frisch bezogen und desinfiziert.

Gar nicht desinfiziert war indessen die auf dem Flur gelegene Toilettenanlage, und gerade die hätte es wahrhaft und bitter nötig gehabt. Hier fand die sozialistische Hygiene ihr Ende. Es stank erbärmlich, und es wurde klar, daß dem sozialistischen Menschen als Träger der Zukunft die Pflege des Abtritts nicht zugemutet werden durfte. Die Wasserspülung gurgelte – ganz unsozialistisch lebhaft – ununterbrochen vor sich hin, die Klobrille war zerbrochen, wie fast alle Klobrillen, derer wir auf unserer Reise ansichtig wurden. (Diese unappetitlichen Umstände waren auch schon anderen westlichen Ostfahrern schmerzvoll aufgefallen – wir tauschten uns darüber aus – und es zeigte sich, daß auch Westler durchaus zur Improvisation fähig sind: einige Lagen des derben ostdeutschen Klopapiers, angefeuchtet über die Risse und Sprünge der Elaste und Plaste-Brillen gelegt, nahmen ihnen den beißwütigen Schrecken.)

Als ich in typisch westlicher Manier untersuchte, ob sich der Wasserfall wohl stoppen ließe, mußte ich erkennen, nein, er ließ sich nicht aufhalten. Ein Rohr kam aus der Wand und ergoß sein Wasser in den Wasserkasten, in dem alle Vorrichtungen, die ein WC ausmachen, verrostet und verkalkt nutzlos herumlagen. Ob die barsche Genossin unten am Empfang das wohl wußte? Ich wollte es ihr zumindest sagen. Und während ich noch überlegte, wie ich es formulieren sollte, damit es nicht nach einer Beschwerde klingen würde, stellte ich fest, daß das Zimmertelefon mausetot war, wie der Fahrstuhl. Als wir um 19 Uhr gingen, um uns die übriggebliebene Stadt anzuschauen, war die Kommandozentrale verwaist – wir hätten also gegen alle Vorschriften fremden Personen unser Zimmer zeigen können.

Die Auflösung der Deutschen Demokratischen Republik war unübersehbar; ihre ehemaligen für Zucht und Ordnung zuständigen Funktionsträger hatten ihre Posten verlassen und überließen dem Klassenfeind die Stätte hochwertiger sozialistischer Gastlichkeit – sollten die doch sehen, wie man Klos putzt und Zimmer säubert.

Noch besser trafen wir es am nächsten Tag in Greifswald. Wir waren in einer Pension angemeldet und fanden auch den Pensionsbesitzer – ein für »Wende«-DDR-Verhältnisse sehr früher Privatunternehmer im Hotelgewerbe –, der auf den Stufen seines Etablissements in überaus westlichen Jogginghosen saß und augenscheinlich unter Schnupfen litt. Diese Erkrankung, erklärte er uns, mache es ihm nicht möglich, das vorbestellte Zimmer wieder in den Zustand der Neuvergabe zu versetzen. Erst müßten die Betten neu bezogen werden, überdies sei seine Frau nicht da, die ihm bisweilen zur Hand gehe – das könnten wir doch wohl verstehen. Während wir ein wenig so taten, als könnten wir das nicht verstehen, nahm er einen Schluck aus seiner Bierflasche und wehrte unsere Zweifel niesend und lachend ab: »Ach, wißt ihr, ihr tut immer so, als hätten wir auf euch gewartet.«

Mit einem herzlichen Prosit verabschiedeten wir uns voneinander. Ohne Obdach gefunden zu haben, begeben wir uns in ein Café. Banana Split, aber auch Café au lait stehen auf der Karte. Die Maladie der DDR-Vergangenheit ist dennoch überall gegenwärtig, man braucht bloß aus dem Fenster hinaus auf die Tristesse der vergangenen 48 Jahre zu schauen. Der Aufbau Ost tut sein übriges dazu, die Hauptstraße wird aufgerissen, um leckende Rohre auszutauschen, es herrscht ein Höllenlärm. Dieser lehrt einen manchesmal die Ohren zu spitzen, und so sind wir akustische Voyeure eines Gesprächs am Nachbartisch.

Eine hübsche Frau um die 40 redet auf ihr Gegenüber ein, er solle sich doch nicht in die Arbeitslosigkeit fallen lassen, er könne doch viel mehr, er habe es doch immer schon gekonnt. Beide unterhalten sich heftig, während wir mitten in Greifswald dem Geheimnis des Greifswalder Café au lait auf der Spur sind. Abrupt steht der Begleiter der Frau auf, »ich arbeite doch nicht für die Kapitalisten in Hamburg«, brüllt er – selbst die an Kapitalismuskritik gewohnten Greifswalder wenden ihm kurz den Kopf zu – und geht seiner Wege, verläßt das Lokal. Die junge Frau sitzt betröppelt da. Sie ist blamiert, sie scheint dem jungen Mann allen Ernstes eine Arbeitssuche im Westen vorgeschlagen zu haben. Genau deswegen kommen wir miteinander ins Gespräch. Silvio, also der, der gerade den Raum verlassen hatte, sei in der DDR-Zeit ein Klempner und Handwerker gewesen, der ausschließlich für Westgeld gearbeitet hätte. Silvio hätte für diejenigen, die über Valuta verfügten, alles getan, so seien sie gute Freunde geworden, weil sie sich gegenseitig geholfen hätten. Silvio hätte inzwischen hunderttausende von DM »verheizt« und lebe nun von Sozialhilfe. Seit die D-Mark die Aluwährung verdrängt habe, sei ihm der Spaß an dem Verdienst vergangen. Martina heißt die Tischnachbarin, erfahren wir nun. Sie hat sich 1989 in den Westen bewegt, arbeitet erfolgreich in der Immobilienbranche und fühlt sich dort wohl, ihre Erinnerungen als Hauptbuchhalterin eines Kombinats kann sie nur zögernd preisgeben. Fern steht ihr dieser Abschnitt ihrer Biographie. So stokkend und nachdenklich wie ihr diese Erinnerungen anfangs auf Befragen wiedererscheinen, so beredter wird sie angesichts der Nachdenklichkeit ihrer Zuhörer. Sie war neben dem Betriebsleiter, dem Parteisekretär der SED, die dritte Chefin des Kombinats. Sie hatte zu bilanzieren, betriebliche Mittel zuzuweisen, und das sei eine Plage gewesen, sagt sie. Auf die Frage, was sie denn gelernt hätte in diesem Kombinat, antwortet sie: »Ich habe gelernt zu arbeiten. Monat für Monat mußte ich die Bilanzen und Betriebsfortschritte auflisten, niemals hat das gestimmt, wir bekamen Order von oben, so hätte das auszusehen, und so wurde das gemacht. Bis in die Nacht hinein haben meine Kolleginnen und ich alle Daten gefälscht. Betriebsleiter und SED-Chef standen neben mir. Alles zusammengelogen. Montags hatten wir Betriebsberatungen von morgens 7.30 bis nachmittags 17 Uhr, 13 Leute, Betriebsdirektoren, Fachdirektoren, Parteileute und Gucks und Gacks. Alles gelogen. Und wenn es darum ging, irgend etwas zu bewerkstelligen, bin ich mit einer Ladung Apfelsinen oder einem Paket Linsen in das Zulieferwerk gefahren, um uns die Ersatzteile zu holen. Damit wir wenigstens bis Donnerstag produzieren konnten. Aber selbst mit Orangen klappte das nur selten. Subotniks, etwa zu Ehren Breschnews, führten dazu, daß an einem Tag produziert wurde, aber für den Rest der Woche war Feierabend.«

Martina scheint mit zwei bedrückenden Lebenserfahrungen nicht zurechtzukommen. Einmal ist es der Zwang zur unentwegten Bilanzlüge, die sie in ihrem Kombinat zermürbt hat. Zum anderen die Beobachtungen der völlig zusammengebrochenen Arbeitsmoral, wenn ihr auch da oder dort mittels Bananen noch auf kurze Beine geholfen werden konnte. Noch vor der Wende läßt sich Martina in eine Zementwerk versetzen und brütet dort in subordinierter Stellung über Wahrheit und Lüge. Silvio, der freundschaftliche Helfer, ist ihr wohl verloren gegangen, Martina verdient inzwischen Westgeld, sie hat sich also den westlichen kapitalistischen Bedingungen unterworfen, was Silvio niemals tun wird, genausowenig wie die alten Kader der Deutschen Demokratischen Republik, die nun empört von den Sozialstaatsmitteln des befeindeten »Systems« leben müssen. Wir hatten fürs erste genug gesehen und fuhren zurück in den Westen. Offenbar hatte wirklich niemand auf uns gewartet.

Es ist ja nicht so, daß man ein fremdes Land bereist, um dort alles so zu finden, wie man es schon kennt, vielmehr möchte man die Unterschiedlichkeiten der kulturellen Lebensführung erkennen, um daraus Nutzen zu ziehen. Manchesmal findet man auch ein Land, in dem es an allem Komfort mangelt, das einem jedoch bezaubernd schön vorkommt, weil seine Menschen zu verzaubern verstehen. Die ehemalige Deutsche Demokratische Republik gehört wohl nicht dazu. Der beherzte Glaube ihrer Bewohner, alles zum Besten getrieben zu haben, ihr Stolz auf die Umstände, die sie sich eingerichtet hatten, hat sie vergessen lassen, daß sie wegen universeller Unfähigkeit in Konkurs gegangen waren. Sie wußten es vielleicht noch gar nicht und würden es möglicherweise nie erfahren. Der junge »Pensionsunternehmer«, der uns erklärte, er habe nicht auf uns gewartet, hat es auf den Punkt gebracht: Keine Hand würde er rühren, um uns zu Diensten zu sein.

Da kann man viel fabulieren – die Idee der Dienstleitung sei unterentwickelt, die Profitorientierung sei unzureichend ausgebildet und was der bemühten Interpretationen mehr sein könnten –, schlußendlich bleibt die Überlegung des verschnupften Pensionsinhabers, daß er es nicht nötig hat. Ein sozialistischer Bürokrat in Gestalt eines Pensionsbesitzers, der Zuständigkeit und Bereitschaft sorgsam abwägt. Verdienst ist nicht vonnöten, Arbeiten für andere Menschen – nie im Leben, nicht mal gegen Bezahlung.

In dieser Hinsicht bekam man einiges geboten: Die Menschen der Deutschen Demokratischen Republik hatten sich innerhalb von vierzig Jahren so weit von der erfolgreichen westlichen Weltwirklichkeit abgesondert, daß sie am Ende gar nicht mehr begriffen, wo sie eigentlich standen. Da erweist sich das hoffnungsfrohe Paradigma der Informationsgesellschaft als eigentümlich unzureichend, denn zumindest seit der Honecker-Zeit konnte man in der Deutschen Demokratischen Republik ungehindert westliches Fernsehen betrachten und westlichen Rundfunk hören. Damals wurde über die Dresdener gespottet, die wegen geographischer Verhältnisse westliche Sender nicht gut empfangen konnten;

sie lebten einem in der DDR üblichen Ondit zufolge im »Tal der Ahnungslosen«.

Man kann den Fernsehanstalten von ARD und ZDF manches vorwerfen, aber bestimmt nicht, daß sie nicht kritisch über die Lebensverhältnisse und Schwierigkeiten in der alten Bundesrepublik Deutschland berichtet hätten. Vor allen Dingen haben sie keinen Zweifel daran gelassen, daß Westdeutschland eine industrielle Arbeitsgesellschaft ist. Nehmen wir einmal an, daß diese beiden Sender, abgesehen von privaten Kontakten, die bedeutendsten Informationsquellen über das Leben in Westdeutschland waren, dann kann man auch annehmen, daß die DDR-Bürger ein klares Bild über den konfliktreichen Zusammenhalt der von ihnen so genannten BRD hätten gewinnen können.

Weit gefehlt, das »Tal der Ahnungslosen« war die Deutsche Demokratische Republik insgesamt. Alle 16 Millionen Menschen waren über Jahre in einem Traum erstarrt – dem Traum, daß es jenseits der »Staatsgrenze West« das Land gäbe, wo Milch und Honig ohne Anstrengung fließen. In der Konfrontation mit den realen Lebensverhältnissen im Westen hätte sich die Notwendigkeit ergeben, der eigenen Verschlafenheit, Verlogenheit und Unwilligkeit ins Gesicht zu sehen. Wer kann aber schon einen solchen Moment der Wahrheit aushalten? Kaum jemand.

Selbst die Klügeren der DDR-Gesellschaft, wie Jens Reich, Christoph Diekmann und Steffen Heitmann, finden Ausreden, Stimmungs- und Erinnerungsberichte, denen zufolge die Deutsche Demokratische Republik zwar ein Regime mit Fehlern war, aber eben doch gescheit und gemütlich, ein lebens- und liebenswertes Land mit einer famosen Bevölkerung.

Wir im Westen haben es da einfacher. Wir lieben unser Land nicht, nein, wir kritisieren es immerfort, wissen aber dennoch, um was für ein Land es sich handelt, was wir ihm schuldig sind und was wir ihm verdanken. Wie lange das so bleiben kann, ist offen. Der Wahlkämpfer für die umbenannte SED, jetzt PDS, Gregor Gysi, wurde im Bundestagswahlkampf 1998 nicht müde zu erklären, die Benachteiligung der Menschen in Ostdeutschland müsse beendet werden, der Westen müsse mehr und länger zahlen, und erntete regelmäßig stürmischen Beifall, wenn er prophezeite: »Wenn es im Osten nicht bergauf geht, wird der Osten den Westen hinabziehen.« Der ostdeutsche Jubel darüber, daß man nun endlich nach 50 Jahren Westdeutschland zur Strecke bringen könne, dürfte manchen in Ost und West erschrecken. Der Schrecken ist nicht unbegründet.

10. Das System und die Folgen

Der Vorwurf, der Westen benachteilige die Ostdeutschen, kann so lange keine Geltung beanspruchen, wie sich die Ostdeutschen nicht aufmachen, das in vierzig Jahren Versäumte mit Disziplin und Arbeitsleistung nachzuholen. Ohne diese Anstrengung werden auch die gigantischen Transfers nicht ausreichen, um dauerhaft die vergleichbaren Verhältnisse herzustellen, die die Ostdeutschen seit dem Zusammenbruch so energisch wie unverfroren für sich reklamieren.

Das wird schwierig werden, denn die Ausgangssituationen unterscheiden sich vehement. Die offensichtlich überlegene Bundesrepublik hatte sich mit Erfindungsreichtum, Präzision und Leistungsbereitschaft einen vorderen Platz in der Weltgesellschaft gesichert. Neben ihrer sozialstaatlichen Ordnung betrifft das auch die anspruchsvollen Verantwortungen, die sie für Entwicklungshilfe, die Kofinanzierung der Europäischen Gemeinschaften, der Nato, der UNO, der

OSZE und anderer Organisationen übernahm, das betrifft auch die materiellen Entschädigungsleistungen für die nationalsozialistischen Terror- und Mordprogramme. Alles Verpflichtungen, die die Leistungsfähigkeit der jungen Demokratie herausforderten.

Ähnliches ist aus der Deutschen Demokratischen Republik nicht bekannt geworden. Die historische Besonderheit der Deutschen Demokratischen Republik bestand seit ihrer Gründung darin, daß sie sich von vornherein nicht mit der Aufarbeitung der Nazi-Vergangenheit beschäftigen mußte. Die Menschen in Ostdeutschland waren per se Antifaschisten und mußten sich nicht mit ethischen Fragen des sozialen Ausgleichs der Verbrechen des Dritten Reiches beschäftigen. Sie sollten eine andere »Internationale« verwirklichen, und vor allen Dingen sollten sie produzieren. Mit der Produktion haperte es in erstaunlichem Maße, und zwar vom ersten Rohprodukt an. In der Folge mußten sich die engagierten Menschen der Deutschen Demokratischen Republik überlegen, wie ein Ausgleich zu schaffen wäre, und da haben einzelne sicherlich manchmal Erstaunliches geleistet.

Der Stolz auf die besonderen Fähigkeiten der Deutschen Demokratischen Republik bestand intern darin, dieses oder jenes doch noch erreicht zu haben. Gegenüber der westlichen Welt besteht der Stolz darin, auch in Momenten höchster Not zumindest deklamatorisch noch ein Schlupfloch gefunden und es mit Improvisationstalent gefüllt zu haben. Dieser Stolz übersieht den tiefen Graben zwischen denen, die etwas tun wollten, und denen, die sich längst in gemütlichen Beschäftigungsverhältnissen eingerichtet hatten.

So läßt sich eine fundamentale Kommunikationsstörung feststellen: Partei und Staatsführung wollten natürlich das Projekt der sozialistischen Deutschen Demokratischen Republik zum Erfolg führen. Aber auch andere, die professionell am Erfolg ihrer Tätigkeit orientiert waren – also solide Produkte herstellen wollten –, ohne dies in erster Linie zum Ruhme des Sozialismus zu tun, sondern die notwendige Versorgung garantieren wollten, standen einem Potential von Leistungsverweigerern gegenüber, dessen sie nicht Herr wurden.

»Herr werden« klingt nun tatsächlich nach dem, was gemeint ist, nämlich nach Herrschaft, die Max Weber folgendermaßen knapp definiert:

»Herrschaft soll heißen die Chance, für einen Befehl bestimmten Inhalts bei angebbaren Personen Gehorsam zu finden.«

Das bedeutet nichts anderes, als daß die Herrschaftsunterworfenen der Herrschaft im Prinzip zustimmen und sie für richtig halten. Für die Deutsche Demokratische Republik hätte das beispielsweise geheißen: Stellt Dachziegel und M8-Muttern her. Das geschah aber nicht. Und da kommen wir zu einer Eigentümlichkeit dieses Staatswesens: Herrschaftsbewußt und autoritär war und gab sich die Staatsführung allemal, allerdings beschränkte sie ihre Autorität auf wenige Felder der *political correctness*: Es sollte das Lied der Diktatur der Arbeiterklasse gesungen werden, Grenzübertritte waren tabu, politische »Verhetzung« und Widerstand waren unter Strafe gestellt. Das war es auch schon.

Allerdings hat dies mit der Weberschen Definition von Herrschaft nichts mehr zu tun. Viel eher trifft darauf die Beschreibung von Macht zu, die Weber wie folgt definierte:

»Macht bedeutet jede Chance, innerhalb einer sozialen Beziehung den eigenen Willen auch gegen Widerstreben durchzusetzen, gleichviel, worauf diese Chance beruht.«

Unter Macht dürfen wir uns vielerlei vorstellen, die Macht eines Säuglings über seine Eltern etwa oder die erotische Macht, die Menschen aufeinander ausüben, aber eben auch die Macht, die aus der Gewalt, nicht zuletzt der staatlichen Gewalt, wie Vopo, Stasi, NVA und Grenztruppen, resultiert. Macht ist also etwas, dem man sich kaum entziehen kann. Das haben genügend Menschen der Deutschen Demokratischen Republik erfahren. Sie saßen im Gefängnis oder haben sich durch Flucht entzogen und allein den Versuch allzu häufig mit Verstümmelung oder dem Tod bezahlt.

Diejenigen, die dieser brutalen Macht nicht entrinnen wollten oder konnten, blieben. Und die sollten ihr Auskommen haben. Das Leben in der Republik war geprägt von der väterlichen Besorgnis, es den »Bürgern« nicht zu schwer werden zu lassen. Selbst die Idee von »Herrschaft« in dem Sinne, daß die Bürger der Deutschen Demokratischen Republik ein gemeinsames Ziel, etwa die überzeugende Wettbewerbsfähigkeit mit anderen Gesellschaften, zu erreichen hätten, wurde mit dem 17. Juni 1953 aufgegeben und später niemals mehr in Anschlag gebracht. Oder gab es angesichts des jammervollen Abstiegs einer vormals industriellen Gesellschaft jemals einen Aufstand in der Deutschen Demokratischen Republik, der gesellschaftliche Produktivität zum Ziel gehabt hätte? So war dann aus der Deutschen Demokratischen Republik letztendlich ein Gebilde geworden, das Macht exekutieren konnte, sogar bis zu dem Zeitpunkt, als treuherzige Ostberliner 1989 ihren Grenzkontrollorganen versicherten, sie wollten nur kurz mal hinüber nach Westberlin und kämen dann sofort zurück.

Mit der »Herrschaft« in der Deutschen Demokratischen Republik war es also nicht so weit her. Herrschaft heißt die organisationelle Übereinkunft zwischen den Beherrschten und den Herrschenden. Und dieses Band war wohl deswegen zerrissen, weil Arbeitsdisziplin nicht mehr gefordert werden konnte und nicht mehr zu Sanktionen führte. Die Werktätigen der Deutschen Demokratischen Republik hatten tatsächlich ganz praktisch – kaum im Sinne von Marx – die Diktatur des Proletariats an sich gerissen, indem sie über die Bemessung ihrer Arbeitsleistung selbst entschieden. Die

Bemessungsgrundlage war, nur das Mindeste zu tun, ein wenig zu schachern und den lieben Gott oder das ZK einen guten Mann sein zu lassen. Und niemand widersprach, allein die Improvisateure suchten dann und wann einen Ausweg.

Die Kommunikationsstörung bestand nun darin, daß ambitionierte Leute, welcher Couleur auch immer, keine Möglichkeit hatten, mit dem immer rückständiger werdenden Potential einer »DDR-Arbeitsmacht« überhaupt noch über zu leistende Arbeit und Produktivität, über Betriebsbedingungen und deren Folgen zu verhandeln. Unter westlichen Umständen benutzt man für die Arbeitskräfte schlechthin inzwischen den Begriff *labourforce* als Gegenstück zur Kapitalmacht, um die Argumentationschancen zwischen zwei Interessenpolen zu beschreiben, also die der Durchsetzungsfähigkeit der Arbeit gegenüber dem Kapital. Diese Zweipoligkeit des Interessenstreits entfiel in der Deutschen Demokratischen Republik schon zu Beginn der 50er Jahre und blieb virtuell. Partei und Staatsführung entwarfen immer neue Parolen zur Arbeitsintensivierung, das Volk stimmte begeistert zu, und dabei blieb es dann.

Buchstäblich ist es der einzelne DDR-Bürger gewesen, der nicht mehr tat, was er hätte tun sollen, und Parteisekretäre und andere hilflose Organe der Staatsmacht redeten gegen Wände. Außenpolitisch konnte die Deutsche Demokratische Republik drohen und erzwingen, innenpolitisch lief sie ins Leere.

Wer das nicht glauben mag, lese Landolf Scherzers noch in der DDR geschriebenen Bericht *Der Erste*. Dieses Buch schildert protokollarisch in Beobachtungen, wie sich ein Genosse und 1. Kreissekretär der SED im Jahre 1987 mit verzweifeltem Engagement und SED-Idealismus zwei Jahre vor dem Kollaps der Deutschen Demokratischen Republik darum bemühte, in seinem Bezirk den drohenden Absturz abzuwenden. Wie wir inzwischen wissen, blieb er – und mit ihm andere – dabei ziemlich allein. Gescheitert ist er auch an der lernunfähigen SED-Bürokratie, aber vor allem an dem Attentismus seiner Kreisbevölkerung. Bei seinen Bemühungen ging der 1. Kreissekretär durchaus nicht wie ein Politoffizier stalinistischer Prägung vor, sondern versuchte allenthalben, pragmatisch und überzeugend auf die Werktätigen und Bewohner seines Sprengels einzuwirken, nun endlich das zu tun, was dringend notwendig sei. Er wünschte sich lediglich, daß sparsam, ordentlich und fleißig gearbeitet werden sollte. Es war ihm kein Glück beschieden; gegen Dreck und Schlamperei blieben seine Appelle wirkungslos.

In ebendiesem Buch äußert sich eine junge DDR-Ingenieurin auf bemerkenswerte Weise: »Die Älteren sagen: Laßt uns das langsam angehen. Und manche von ihnen nennen unsere Ungeduld auch Disziplinlosigkeit. Aber ich bin im Betrieb nicht nur wegen der Computer ungeduldig, sondern auch deshalb, weil ich mir manches im Sozialismus idealer, bewußter vorgestellt habe. Die Maschinen hier, das sind doch unsere Maschinen. Was man von den gleichen Maschinen in der BRD nicht sagen kann. Die gehören eben nicht den Arbeitern, die sie bedienen. Aber dann erzählen Kollegen, die sich drüben in ähnlichen Betrieben umgeschaut haben, daß der Arbeiter dort in jeder freien Minute die Maschine, die ihm nicht gehört, wie eine besorgte Mutter ihr Kind mit weichen Läppchen säubert, jede Fussel und jedes Öltröpfchen abwischt, denn Schmutz ist für die Qualität des Walzbleches gefährlicher als Säure für ein Seidenkleid. Frage ich mich: Wer greift bei uns zum Lappen, um die ihm gehörende, aber schon verdreckte Maschine zu putzen? Und selbst wenn wir anordnen: Jeder, der seine Maschine nicht wie seinen Trabi wienert, bekommt Geld abgezogen, selbst dann würde es nicht funktionieren. Denn bei unserer Technologie ist es normal, daß schmutzige Dämpfe entweichen, daß Öl in Lachen auf den Fußboden läuft.«

Diese Überlegungen werfen ein fatales Licht auf die westliche Diskussion und Rezeption des DDR-Zusammenbruchs. Der traf anscheinend alle gleichermaßen unvorbereitet, und daraus resultiert eine seltsame gedankliche Konkordanz zwischen »Linken« und »Rechten« – soweit es die in der alten Bundesrepublik überhaupt noch gibt, denn bisweilen müssen wir uns ja alle vorkommen wie in einem sozialdemokratischen Steingarten. Diese Konkordanz und damit auch der mittlerweile vollständig entpolitisierte sentimentalische Blick auf die Hinterlassenschaft der ehemaligen Deutschen Demokratischen Republik und ihrer Bevölkerung führt zu zwei unterschiedlichen Varianten, die die Parteiendemokratie ausgebrütet hat, die im Ergebnis aber gleich sind: Niemals darf man über die beteiligten Menschen sprechen, denn diese Menschen sind Wähler.

Die Rechten, wer auch immer sie sein mögen, verkünden dann und wann, das kommunistische System sei schuld am Zusammenbruch und der Unfähigkeit der DDR-Gesellschaft, sich im Chor der zivilisierten Gesellschaften zu behaupten. »Unsere deutschen Landsleute sind durch die Kommunisten daran gehindert worden, das zu tun, was zu tun gewesen wäre«, sagte etwa Professor Günther Krause (CDU-Ost) in einer Fernsehsendung. War vielleicht Landolf Scherzers »Erster« ein solcher Kommunist, der irgend jemanden an der Arbeit gehindert hätte?

Die Linke hingegen hat es mit dem DDR-System naturgemäß schwerer, erklärt dann aber mit gedanklicher Zeitverzögerung, die Herrschenden der Deutschen Demokratischen Republik hätten fundamentale Grundsätze der sozialistischen und sonstiger Demokratie mißachtet und das Volk belogen. Hat Landolf Scherzers »Erster« die Leute belogen?

Plötzlich sind sich alle wieder einig, irgendwie war es doch das »System«, das unsere Brüder und Schwestern im Osten kaputtgemacht hat. Das alltägliche Versagen dieser Brüder und Schwestern gerät aus dem Blickfeld. Das hat zwei Auswirkungen: Wir werden nie lernen und erfahren können, wie es geschehen konnte, daß sich mitten in Europa 16 Millionen Deutsche innerhalb von nur 40 Jahren eine vorzivilisatorische Wüste bereitet haben. Und wir werden nie erfahren, wie das Staatsvolk der Deutschen Demokratischen Republik es sich gedacht hatte, in dieser Welt mit sparsamsten Arbeitserträgen zu überleben.

Innerhalb dieser Argumentation kann leicht der Eindruck entstehen, ich favorisierte das SED-System. Mitnichten. Ich halte nur fest: In der Deutschen Demokratischen Republik war es tatsächlich einzig das System, das die Menschen zur Arbeit anhalten wollte, jedoch damit erfolglos blieb.

Es mag ja sein, daß wir in Westdeutschland nach dem letzten Krieg eine verheuchelte Vorliebe für Systeme haben, die aus den Menschen Systemopfer werden läßt, denen nachträglich noch höherer Rang eingeräumt wird als den jeweiligen vom System gewollten Menschenopfern. Aber selbst wenn wir diese Neigung hätten – vielleicht wegen der mit ihr verbundenen psychischen Entlastung –, sollten wir folgendes nicht vergessen: Wenn eine Gesellschaft insgesamt scheitert, sind es die Menschen, die sie zum Scheitern bringen. Genau das haben die Bürger der Deutschen Demokratischen Republik prachtvoll hingelegt und drücken sich nun ein zweites Mal vor ihrer Verantwortung.

Geht man zurück bis zum Ende des Zweiten Weltkriegs, stellt man fest: Die Erben des Großdeutschen Reiches hatten sich mit dem Scheitern eines Systems – Befreiung oder Kapitulation – abfinden und befassen müssen. Danach fielen sie unter unterschiedliche Herrschaft. Der Westen Deutschlands, demokratisch gewendet, krebst seitdem gedanklich qualvoll am Erbe des Dritten Reiches herum, und niemand weiß, wie dies je menschen- und nationalgeschichtlich verarbeitet werden könnte. Die Diskussion zum Holocaust-Mahnmal in Berlin belegt das eindrucksvoll. Für die westliche Diskussion ist der entschuldigende Systemgedanke inzwischen aufgegeben worden: Institutionen und Personen, Unternehmen und Funktionszirkel müssen sich befragen und anklagen lassen, Archive werden geöffnet und Historikerkommissionen zur lückenlosen Dokumentation beschäftigt.

Ganz anders im Osten Deutschlands. Wie Wolf Biermann einmal festgestellt hatte, besiegte hier die Nationale Volksarmee der Deutschen Demokratischen Republik im Verbund mit der Roten Armee alle Nazis und deren Brutstätte – das Kapital.

Die SBZ, später die Deutsche Demokratische Republik, war »nazifrei«, antifaschistisch und antikapitalistisch. Sie hatte mit dem System nationalsozialistischer Diktatur nichts zu schaffen. Die Mühe, sich mit dem Nazi-System und der eigenen Beteiligung daran auseinanderzusetzen, blieb ihr erspart. Aber auch die zweite schwierige Aufgabe, sich mit dem Scheitern des SED-Systems auseinanderzusetzen, das nicht von ungefähr vielerlei Organisationprinzipien des Dritten Reichs einfach übernommen hatte, kann nach über vierzig Jahren nicht ernsthaft erwartet werden. Der moralische Schutzschirm, den die Westdeutschen schon immer über ihre im Ostblock unter kommunistische Herrschaft gefallenen Brüder und Schwestern hielten, hält weiterhin trocken. Wohlfeile Reden von Politikern zirkulieren, die Deutsche Demokratische Republik habe den Zweiten Weltkrieg »zweimal verloren«, sie habe die »Kriegslasten allein zu tragen« gehabt und dergleichen mehr.

Da dies bei historischem Lichte betrachtet wahrlich Ammenmärchen sind, muß man sich fragen, warum den Ostdeutschen die Verantwortung für ihre vierzig Jahre real existierenden Sozialismus genommen werden soll. Und da ist das Wort von der westdeutschen Arroganz möglicherweise angemessen. Die westdeutsche Gesellschaft scheint es leid zu sein, sich nach der ausdauernden Katastrophe des Nationalsozialismus nun auch noch geschichtsmächtig mit der

Schreckensherrschaft der SED zu befassen. Lieber nimmt sie die nationalbolschewistischen Schafe und Wölfe unter ihren Schutzmantel und erklärt alles für gar nicht so schlimm, als daß sie die Mühe auf sich nähme, die Spitzbuben und Schurken der DDR-Nomenklatura wie die Millionen gutwilliger Überzeugungstäter und indolenter Mitläufer tatsächlich zu befragen, wie sie sich nun in westlicher Zivilisation einzurichten gedenken.

Die Verweigerung dieser Diskussion macht die Ostdeutschen, kaum daß sie ihrem patriarchalischen System entronnen sind, schon wieder zu Schutzbefohlenen einer neuen Sozialordnung, die mit enormen westlichen Transfers, also mit purem Geld, bei der Stange gehalten werden sollen. Die hoffärtige Argumentationsmüdigkeit und die leichtfertige Hoffnung der Westdeutschen, die Kultivierung der Brüder und Schwestern aus dem Osten werde sich finanziell und über die Zeit regeln lassen, wird aller historischen Erfahrung nach Schiffbruch erleiden.

Massive Anzeichen dafür sind längst zu erkennen, denn Unterweisung in Demokratie ist nicht von der Stange zu haben. Ob es sich um den aggressiven DDR-Mob handelt, der, ohne Sanktionen befürchten zu müssen, Häuser anstecken kann, in denen Asylanten untergekommen sind, ob westdeutsche Schulklassen auf ostdeutschen Zeltplätzen zusammengeschlagen werden, oder ob ausländische Bauarbeiter, Engländer, Spanier, Portugiesen, Polen und Tschechen, die den arbeitsunwilligen Ostdeutschen für Mindestlöhne die komfortablen Wohnungen bereitstellen, zu Tode geängstigt und manchmal auch zu Tode gehetzt oder schlicht und einfach nur erstochen oder erschlagen werden – die angeblich so friedliebenden Bewohner der ehemaligen Deutschen Demokratischen Republik und deren Kinder erweisen sich als eine Gesellschaft, in der Biedersinn und Brutalität, wie in Diktaturen vorgeschrieben, »Arm in Arm« gehen.

Die Verantwortung für den Mangel an Auseinandersetzung hat zu einem großen Teil der Westen zu übernehmen, der wohl gedacht hatte, die Verheißungen der offenen, demokratischen Gesellschaft würden für sich sprechen, wenn auch die entrückten ostdeutschen Meinungsträger sich dann und wann zu dieser Frage äußern könnten. Daß endlich erreichte Demokratie und Offenheit nicht die Option zum Totschlag bedeuten, ist den Menschen in Ostdeutschland sowenig vermittelt worden wie den neu begründeten Parteiorganisationen, den Verbänden, den Schulen und den Eltern. Der Westen erweist sich gerade in diesem Zusammenhang als saturiert, ignorant, repressionsfrei und willfährig. Möglicherweise hält der Westen seine demokratische Lebensform auch deswegen für verheißungsvoll und selbstbestätigend, weil er sich in seinem vom Kalten Krieg geprägten Antikommunismus nicht vorzustellen vermochte, daß der Großteil der DDR-Bevölkerung keineswegs litt, sondern sich »kommod« (Heitmann) eingerichtet hatte. Freilich, diejenigen, die dem politischen System wirklich oder auch nur vermeintlich die Loyalität entzogen, wurden drakonisch drangsaliert und oft genug auch zu Tode gebracht. Für diese Menschen hatte der Westen naturgemäß Aufmerksamkeit, Mitgefühl und womöglich auch Hilfe zu bieten; jeder einzelne der nach Millionen zählenden Flüchtlinge war Zeuge der Unmenschlichkeit der kommunistischen Unterdrückung. Im Umkehrschluß waren alle anderen, von denen man nichts hörte, Insassen eines riesigen, mit Stacheldraht, Wachmannschaften und Tötungsmaschinen bewehrten »KZs«, geknechtete Menschen, zum Schweigen verdammt und nach Freiheit lechzend.

Nicht nur die politische Klasse und die Quasi-Intellektuellen der ehemaligen DDR, die sich heute, nach dem Zusammenbruch, aus den neuen Ländern recht munter hören lassen, zeigen, daß diese Vorstellung falsch war. Auch ein Blick in die Eingaben, mit denen die Bürger der Deutschen Demokratischen Republik ihr Gemeinwesen traktierten, sprechen eine deutliche Sprache. Da ist von Autoritätshörigkeit und geduckten Untertanen einer Diktatur nichts zu spüren und zu lesen. Da wird kein Blatt vor den Mund genommen und angstfrei und risikolos gefordert, was ausgelobt war.

11. Widerstand per Eingabe

Dem westlichen Leser muß erklärt werden, was es mit dem Eingabengesetz der Deutschen Demokratischen Republik auf sich hatte. Es räumte jedem Bürger das Recht ein, »sich schriftlich oder mündlich mit Vorschlägen, Hinweisen, Anliegen und Beschwerden an die Volksvertretungen, die staatlichen und wirtschaftsleitenden Organe, die volkseigenen Betriebe und Kombinate, die sozialistischen Genossenschaften und Einrichtungen sowie an die Abgeordneten zu wenden.«

Ferner bestimmte es: »Den Bürgern dürfen aus der Wahrnehmung dieses Rechts keine Nachteile entstehen …« und: »Das achtungsvolle Verhalten gegenüber den Bürgern und die sorgfältige und schnelle Bearbeitung ihrer Anliegen sind grundlegende Pflichten für alle Leiter und Mitarbeiter der staatlichen und wirtschaftsleitenden Organe, der volkseigenen Betriebe und Kombinate, der sozialistischen Genossenschaften und Einrichtungen.« Weiter hatten die »Leiter und Mitarbeiter (…) durch eine gewissenhafte Bearbeitung der Eingaben beizutragen, den Bürgern bei der Überwindung persönlicher Schwierigkeiten zu helfen, ihr Vertrauen zu den Staatsorganen zu stärken, ihre Bereitschaft zur Teilnahme an der Lösung der staatlichen Aufgaben zu fördern und die sozialistische Gesetzlichkeit zu festigen«; jeder Bürger hatte Anspruch auf begründete schriftliche oder mündliche Antwort auf seine Eingabe, und die Entscheidung über die Eingabe war spätestens innerhalb von vier Wochen zu treffen und dem Bürger mitzuteilen.

Insgesamt vierzehn Paragraphen dieses Gesetzes bemühten sich um den Bürger. Die Sorge um ihn wurde ganz bitter ernst genommen und stand nicht nur auf dem Papier. Die amerikanische Justizforscherin Inga Markovits hat einen Jahresdurchschnitt von 750.000 Eingaben ermittelt, die allesamt außerhalb des DDR-Justizsystems bearbeitet wurden. Das bedeutet, daß im statistischen Durchschnitt etwa jeder 20. und, sieht man von Minderjährigen ab, etwa jeder 16. DDR-Bewohner einmal im Jahr eine Eingabe verfaßte. »An Erich schreiben« wurde zur stehenden Redewendung (gemeint war Erich Honecker, der Staatsratsvorsitzende der DDR, der über einen großen Stab beim Zentralkomitee der SED gebot, der eigens für die Eingaben zuständig war, die an die höchste Adresse gelangt oder gerichtet waren) für Bürger, die unter »persönlichen Schwierigkeiten« litten und Abhilfe suchten. Die persönlichen Schwierigkeiten der Bürger bestanden zumeist darin, daß sie ein DDR-Produkt erworben hatten, das den von ihm ausgelösten Hoffnungen nicht gerecht wurde. Da ging es um Autos und Waschmaschinen, die nicht in Gang zu setzen sind, Fernsehapparate, die nicht einmal Nahsicht bieten, Radios, die keinen Mucks von sich geben, und vermurkste Kühlschränke.

Die Durchsicht dieser Eingaben offenbart ein fabelhaftes Bild von der Produktionstätigkeit in der DDR und von den heillosen Verwicklungen, die sich oftmals aus dem Versuch ergaben, den Schaden zu beheben.

Verschiedenste Eingaben konnte ich in Potsdam im Archiv eingesehen, argwöhnisch beäugt von einigen Bediensteten, denen meine Neugierde gar nicht gefiel.

Eine dieser Eingaben möchte ich hier wiedergeben. Sie zeigt, daß der Bürger keineswegs das gedrückte und kujonierte Wesen war, wie sich das der Westen zuweilen ausmalt, sondern unerschrocken die Mißstände anprangerte.

Selbstbewußt nahm er die Offerten des Soll-Zustandes – also etwa die der verbürgten sozialistischen Lebens- und Produktqualität – zum Ausgangspunkt seiner Klagen. Appellativ wendete er sich an ihm dienstbare Organisationen, die die ihm aufstoßenden Mißstände zu bereinigen hatten. Es handelt sich vor allem auch um ein Beispiel dafür, wie der Zusammenhang zwischen Konsumtion und Produktion ausgeblendet war:

Die Eingabe wurde im Jahre 1984 von einem Bürger verfaßt, der damals selbst an verantwortlicher Stelle in der Möbelproduktion tätig war, also die Produktion als solche und auch die systematische Arbeitsorganisation aus eigener Anschauung kannte. Ich habe ihn später aufgesucht und ein längeres Gespräch mit ihm geführt. Die Eingabe ist gerichtet an den »VEB (Volkseigener Betrieb), dkk, Scharfenstein-Betrieb des Kombinates Haushaltsgeräte«. Dieser Betrieb war ausgezeichnet mit dem »Banner der Arbeit«, was ihn offenbar nicht daran hinderte, Gefrierschränke ohne Kühlflüssigkeit auszuliefern, deren Verdampferleitungen von vornherein undurchlässig waren und deren Türen nicht schlossen. Es geht in dem Schreiben um eine akribische Darstellung der Konstruktions- und Produktionsmängel, um die Versuche eigenständiger und fachmännischer Reparaturen, die scheiterten, und schließlich um die Lieferung eines neuen Gerätes. Soweit sich der Schriftverkehr in dem Archiv Potsdam wiederfinden läßt, umfaßt er sieben Eingabe-Seiten, die ich in Ausschnitten wiedergeben will.

Wörtlich schrieb der Einwender am 1. 8. 84:

»Am 26.10.83 erwarb ich nach mehr als 3jährigem Bemühen in Berlin einen Tiefkühlschrank GS 150 Ihrer Produktion. Die Banderole weist die Nr. 2206 aus, die Geräte-Nr. lautet 27020, und der TKO-Prüfstempel (Technische Kontrollorganisation) mit dem Gütezeichen ist vom 23.8.83, also einem Dienstag. Daß es sich bei diesem Gerät mit seinem immerhin sehr stolzen Preis um das handelt, was man in anderen Ländern ›Montagsproduktion‹ nennt, wurde mir außer durch den Prüfstempel bereits beim Versuch der Inbetriebnahme deutlich. Über den Umweg der KDB (Kundendienstbetreuung) an einen Verwandten in Berlin transportierte ich dieses hochwertige Konsumgut unter ›Berücksichtigung der entsprechenden Transporthinweise‹ äußerst vorsichtig und natürlich stehend an den Aufstellort, um nach den erforderlichen Vorbereitungsarbeiten eine Inbetriebnahme zu versuchen. Offensichtlich geht Ihr Betrieb davon aus, daß bei diesem Gerät keine Störungen auftreten, so daß wegen fehlender Hinweise auf Störungsursachen in der Bedienungsanleitung meine Bemühungen zur Inbetriebnahme abgebrochen wurden, nachdem sich keine Temperaturveränderung ergab. Der am 29.10.83 gerufene Monteur des DLK (Dienstleistungskombinat) Potsdam mußte dann nach rund 1,5 stündiger Reparatur feststellen, daß überhaupt kein Kältemittel im Verdampfersystem enthalten ist. Ich war überrascht, denn wenn dieses Beispiel hoher Auslieferungsqualität und 100%iger Versandkontrolle Schule macht, kann ich demnächst vielleicht auch damit rechnen, Thermometer ohne Quecksilber, Fernsehapparate ohne Bildröhre, Autos ohne Räder usw. im Handel zu bekommen. Routiniert und abgeklärt jedoch der Monteur, der diesem Mangel am neuen GS 150 nach eigenen Aussagen nicht zum ersten Mal begegnete. Beim Versuch, Kältemittel nachzufüllen, ist es Ihnen jedoch gelungen, auch den Monteur zu überraschen. Wie er feststellte, befand sich im Rohrsystem des Verdampfers überdies noch eine Verstopfung, wodurch seine Nachfüllbemühungen ergebnislos blieben. Da haben sich Ihre Kollegen Produktionsarbeiter wirklich etwas einfallen lassen! Zum Glück für Ihre ANG-Kosten (Ausschuß, Nacharbeit, Garantie) ließ sich die Verstopfung außerhalb der Verdampferplatte in einem freiliegenden Rohr lokalisieren und relativ leicht beseitigen.«

Es folgen eine detaillierte Schilderung der DDR-Verdampfertechnik von Kühlgeräten mit all ihren Fährnissen und eine kritische Würdigung der DDR-Qualitätsverordnung. Dann heißt es weiter:

»Nachdem der Monteur also die genannten groben Mängel beseitigt hatte, konnte ich den GS 150 entsprechend seinem Verwendungszweck nutzen. Noch etwas ungeübt im Umgang mit diesem Wunder der Gefriertechnik, versuchte ich zunächst und mit Erfolg, die vorgeschriebene Temperatur einzustellen. Um meiner Pflicht als Betreiber gerecht zu werden und nicht etwa eine Störungsmeldung schuldhaft zu verzögern, wodurch der Hersteller für Folgeschäden nicht haftbar gemacht werden kann, kontrollierte ich täglich die Temperatur und bezog bei Wochenendfahrten, Reisen, mehrtägigen Dienstreisen usw. vertrauenswürdige Mitglieder meiner Hausgemeinschaft in das Kontrollsystem mit ein. Jedoch mußte ich nach 8 Wochen bereits zum 1. Mal den GS 150 abtauen, da die Eisschicht die magische Grenze von 5 mm Dicke bereits überschritten hatte. Da Ihre Bedienungsanleitung keinen Hinweis auf die normale Zeitdauer zwischen zwei Abtauvorgängen enthält und ich noch unerfahren im Umgang mit diesen Geräten bin, hielt ich das für normal, obwohl das häufige Abtauen und die ständigen Kontrollen der Innenraumtemperatur meinen Freizeitfonds nicht gerade erweiterten.

Als dann nach 5 bis 6 Monaten die Intervalle zwischen zwei Abtauvorgängen auf nur noch 5 Tage gesunken waren, glaubte auch ich nicht mehr an etwas Normales und bestellte am 22.5.84 einen Monteur. Der fand am 7.6.84 sofort heraus, daß die Türdichtung platt und nicht richtig montiert war.«

Es folgt eine genaue Schilderung der Vereisung im Innenraum des Gefrierschranks. Der Monteur versprach die Auswechslung der Türdichtung, sobald eine erhältlich sei. Nach schon 85 Tagen traf wider Erwarten statt dessen eine Ersatztür ein, deren Einbau sich für den Monteur als schwierig erwies, weil auch die funkelnagelneue Tür ohne passable Dichtung geliefert wurde. Des weiteren entdeckte der Monteur im Innenraum viele Spalte und Risse, die mit zwei Patronen einer Dichtungsmasse verschlossen werden mußten, die Abdichtung der Tür verschlang eine weitere Patrone mit Dichtungsmasse. Diese Konstruktionsmängel konnte der Monteur nicht beheben. Der Gefrierschrank vereiste weiterhin, auch die neue Tür ließ sich alsbald nicht mehr schließen, und das Dienstleistungskombinat verweigerte die Verlängerung der Garantiezeit. Dem eingebenden DDR-Bürger riß nunmehr der sozialistische Geduldsfaden: Er verwies auf das ZGB (Zivilgesetzbuch der Deutschen Demokratischen Republik) und verlangte eine Ersatzlieferung, da »offenbar grobe Verstöße gegen elementare Grundsätze der Konstruktion bzw. Fertigung/Montage vorliegen«. Er schließt das siebenseitige Schreiben mit despektierlichen Worten über die Republik, die nicht einmal einen Kühlschrank zuwege bringt.

In den zitierten Zeilen kommt unverblümt zum Ausdruck, daß die sozialistische Produktionsweise durchaus und ohne negative Resultate mit der des Klassenfeindes (»was man in anderen Ländern Montagsproduktion nennt«) verglichen wurde und auch die Preisgestaltung und die Lieferzeit von ersehnten Gütern (beides Elemente des »materiellen und kulturellen Lebensniveaus«, das in vielen Gesetzen und Verordnungen der Deutschen Demokratischen Republik eine Rolle spielte) Gegenstand harscher Kritik wurden. Eingabevirtuosen – und um einen solchen handelt es sich in diesem Fall zweifellos – nahmen statt eines defekten Produkts wie hier den Gefrierschrank nicht nur die kritikwürdigen Arbeitsergebnisse der »Kollegen Produktionsarbeiter« ins Visier, sondern wußten zugleich das gesamte Staatswesen zu rügen.

Aus der Unbefangenheit dieses Reklamationsverhaltens ergibt sich wie von selbst der Anspruch gegenüber offiziellen Instanzen, mit anständig produzierten Gütern und Dienstleistungen versorgt zu werden.

Der von unserem Eingeber angestellte deutliche Vergleich mit kapitalistischen Ländern erscheint hier eigentümlich. Er wird erst sinnvoll – schließlich handelt es sich zunächst nur um die Reklamation eines defekten Haushaltsgerätes und nicht um nationale Angelegenheiten –, wenn es gelingt, eine Deutungsfolie zu finden, die mit dieser Äußerung zu unterlegen ist.

Der Begriff »Montagsproduktion« ist in Westdeutschland für verunglückte Produkte gebräuchlich und bezieht sich auf technische Güter, in denen gegenüber der üblichen Produktion der Wurm steckt. Ein solches Mysterium wird eben damit scherzhaft salvierend erklärt, daß nach einem anstrengenden, ganz der Freizeit gewidmeten Wochenende die Konzentration der Beschäftigten noch nicht in vollem Umfang der Produktion gilt und daher ärgerliche Ungereimtheiten auftreten können. Solche Montagsproduktionen werden im Westen zum Gegenstand energischer Fehlersuche. Insofern sind zufällige Produktionsmängel eine Begleiterscheinung der technischen Produktion und, wenn auch lästig und teuer, so doch auch heilbar.

Der Verweis darauf, daß der Westen für solche Übel ein eigenes Wort habe, zeigt die Auffassung des Beschwerdeführers, daß in der DDR solches eigentlich nicht möglich sein dürfe. Für die unter dem Diktat des Kapitalismus werkelnde Industriebelegschaft wird angenommen, daß der Arbeiter – wegen seiner Entfremdung und Ausbeutung gewissermaßen legitimiert – zeitweilig (montags) lustlos seinen Aufgaben nachkommt, wohingegen diese Voraussetzung für die »freudigen« DDR-Produktionskollektive entfalle. Im Sozialismus dürfe so etwas eigentlich nicht vorkommen.

Bleiben wir bei der Feststellung, daß eine absolut fehlerfreie industrielle Produktion pragmatisch nicht gedacht werden kann, ergibt sich aus der zunächst ironisch wirkenden Beschwerde ein komplexes Gedankenkonstrukt: Nicht die technische Produktion rückt in den Vordergrund, sondern das staatsspezifische und die ihm folgende systematische Produktionsweise, die es den Kollegen Produktionsarbeitern erlaubt, mit hohem Aufwand Schrott zu produzieren.

Das mißlungene Produkt, der Gefrierschrank, wird zum Maßstab des Vergleichs zwischen zwei gesellschaftlichen Systemen und zum Indikator für eine unerwünschte und beklagte Angleichung der beiden. Hier die kollektiv bewußten Produktionsarbeiter, die dem Sozialismus zum Siege verhelfen sollen, es aber nicht tun, dort die geknechteten Lohnabhängigen, deren Fehlleistung mit einem »blauen Montag« entschuldbar sind. Im Rahmen des Systemwettstreits ein alarmierendes und gut plaziertes Signal. Augenzwinkernd, ironisch und auch höhnisch ist von der ausgelobten Überlegenheit des sozialistischen Systems die Rede, also einer gesellschaftspolitischen Ordnung, die an der Herstellung von Kühlgeräten zu scheitern droht. Dies schließt eine bemerkenswerte gedankliche Verschiebung ein.

Nicht der konkrete Herstellungsprozeß eines Gefrierschrankes am Ort der Produktion wird thematisiert, sondern der ausgebliebene Produktionserfolg einer nationalen Gesellschaft. Nun sind nationale Angelegenheiten per se nicht das Geschäft von Gefrierschrankkäufern, es sei denn, sie seien in regierungsamtlicher Funktion tätig oder würden sich als politische Subjekte auch der industriellen Produktion widmen.

Wir haben es hier also mit einer ganz praktischen, aber auch theoretischen Überhebung zu tun: Ein Bürger der DDR – noch dazu einer, der die Produktion aus täglicher Anschauung kennt – konfrontiert den Betrieb mit einem miserablen Produkt – und macht zugleich implizit das politisch-gesellschaftliche System, dessen Teil er ist, für seinen Ärger verantwortlich und reklamiert für sich die Kompetenz, Produktionsstandards zu rügen, also gewissermaßen von oben herab zu dekretieren, so dürfe es nicht sein, und seinen Wünschen müsse entsprochen werden, nicht zuletzt deswegen, weil er einen hohen Preis entrichtet und eine mehrjährige Wartezeit hinter sich habe.

In dem Gespräch, das ich mit dem Eingeber Jahre später führte, stellte sich heraus, daß er an verantwortlicher Stelle die Produktion von Regalelementen zu leiten hatte, die für ein schwedisches Möbelhaus bestimmt waren. Die Möbelfirma hatte klare Qualitätsprofile vorgegeben, ein Qualitätsmanagement bereitgestellt und Abnahmegarantien nur für die Regale gegeben, die in allem den Anforderungen genügten. Seufzend erinnerte sich der Befragte, daß wegen der scharfen Qualitätskontrollen nur etwa 20 % der Produktion in den Westen ausgeliefert werden konnten, 30 % taugten noch für den DDR-Markt, und der Rest ging in die RGW-Staaten. Er selbst hatte seine Mitbürger – nicht zu sprechen von den Abnehmern im übrigen Ostblock – mit Produkten versorgt, die im Westen nicht verkäuflich gewesen wären, also mit Produkten minderer Qualität. Das hatte ihn nicht zufrieden gestimmt, dennoch enthüllt der Beschwerdeführer damit ungewollt – vor dem Hintergrund der internationalen Vergleichsfolie – einen kulturell erzeugten tiefgreifenden Wahrnehmungsdefekt: Ansprechende Produkte ließen sich rein theoretisch herstellen und hätten mit der wirklichen Produktion, die ja von Menschen bewerkstelligt werden muß, nichts zu tun, sie ergäben sich eigentlich unter den Bedingungen einer »fortschrittlichen« Gesellschaft wie der Deutschen Demokratischen Republik von selbst.

Damit werden die gesellschaftliche Produktivität und ebenso ihre Qualität zu einer Begleiterscheinung gesellschaftlich-politischer Ordnung stilisiert. Es wird ein quasi asozialer Begriff von Produktion eingeführt, der je nach Kenntnis und Vorstellung als ein Restbereich staatlicher Organisation verstanden werden darf, wobei sich jedermann zur Kritik des Staatswesens ermuntert fühlen darf, wenn er denn als Nachfrager entsprechender Produkte auftritt.

Daraus ergibt sich ein seltsames Bild: Der Bürger als Beschwerdeinstanz ist aller Last enthoben. Er muß sich nicht als ein Teil des Ganzen fühlen, sondern kann seine alltägliche Anwesenheit am Betriebsort, die er »Arbeit« zu nennen gewohnt ist, und die in gewisser Weise auch mit dem Erfolg des Systems zusammenhängen würde, vollständig abspalten von dem Gesamtergebnis, das darin besteht, daß er einen Gefrierschrank kauft, der seinen Namen nicht verdient. Die Rückzugsbasis liegt in der nebulösen öffentlichen und staatlichen Instanz, die seinen Ansprüchen gerecht zu werden hat.

Diese analytische Feststellung muß innerhalb der westlichen Welt auf Stirnrunzeln stoßen, da eine solche Trennung von Wahrnehmungs- und Lebenswelten rational kaum verständlich ist, es sei denn als Lachnummer im Kabarett. Allerdings werden wir diese Kleinkunstform, die zwischen hehren Ansprüchen und tatsächlichen Verhältnissen ihre bitteren Witze macht, also zwischen trägem Individuum und unbeweglicher Gesellschaft (Anspruch und Erfüllungsbasis) pendelt, in unserer Fragestellung und unter den Bedingungen der DDR-Wirklichkeit als Projektionsfolie durchaus ernst nehmen müssen. Möglicherweise ist es eine höhere Instanz als das Politbüro oder die Bundesregierung, die uns diese Humorprüfung auferlegt hat.

Es geht dann nach wie vor um die Frage des sozial geregelten Normaltyps von Gesellschaft und um die Vorstellung erfolgreicher gesellschaftlicher Synthese. Skizzenhaft gesprochen lassen sich zwei Typen unterscheiden: Der eine sucht die Vergesellschaftung durch die Übernahme von sanktionsbewehrter Verantwortung von ungezählten Einzelhandlungen zu erreichen, während der andere auf die Entlastung von jeglicher Verantwortung und statt dessen auf Steuerungskapazitäten setzt, denen niemand folgt. In dem hier beobachteten Fall haben wir es mit der zweiten Variante zu tun: Kaum jemand arbeitet anständig nach seinem Vermögen, die Rationalität des gesellschaftlichen Austausches, des Gebens und des Nehmens, ist ausgehebelt – es bleibt der Anspruch.

Um so mehr spannt sich der Bogen zwischen rational-analytischer und kabarettistisch-ironischer Betrachtung. Der Ausklang des Eingabeschreibens verdeutlicht dies:

»Mit der Beschreibung meiner bisherigen Probleme mit Ihrem Erzeugnis ist nach meiner Meinung deutlich geworden, daß ich im 35. Jahr des Bestehens unserer Republik keinen Grund habe, mit der Qualität dieses Konsumgutes zufrieden zu sein. Ich erachte es deshalb als Ihre Pflicht, zur Vermeidung unnötiger Bürgerreklamationen der Ausgangskontrolle in Ihrem Betrieb wie auch der Entwicklung neuer Erzeugnisse mit hohem Gebrauchswert, großer Servicefreundlichkeit und langer Lebensdauer sowie geringem Bedien- und Wartungsaufwand größere Beachtung zu schenken.«

Hier findet sich im Sprachspiel die völlige Verdrehung einer völlig verdrehten Wirklichkeit wieder – die Beschwerde wird endlich zum Kabarett. Die langwährende Existenz des politischen Systems wird für sich schon als Garantie verstanden und als solche reklamiert, daß Kühlgeräte auch zu funktionieren hätten. Innerhalb dieser Aufspaltung zwischen Individuum und Staat wird die Nachsicht mit der »Republik« aufgekündigt, die auch nach 35 Jahren noch keinen Gefrierschrank herzustellen weiß (als ob Republiken jemals Gefrierschränke gebaut hätten) und die Anfangsschwierigkeiten nicht mehr ins Feld führen kann. Der nun wirklich nicht zu übersehende Zusammenhang zwischen gesellschaftlicher Arbeit und dem Produktraffinement wird völlig unterschlagen. Daran ändert auch der formelhafte Nachsatz nichts, der sich ohne Zweifel an den Betrieb als organisierte Produktionseinheit richtet. Appelle dieser Art waren schon zum gegebenen Zeitpunkt 35 Jahre lang wirkungslos verhallt.

Der eingebende Bürger, der sich hier als quasi hoheitliches Organ der »Republik« versteht und deswegen über nötige oder gar unnötige »Bürgerreklamationen« räsonniert und väterlich zum Einhalten von Pflichten ermahnt, ist eben nicht der okzidental aufgeklärte autonome Staatsbürger, er bleibt »Bürger« der Deutschen Demokratischen Republik, der seine Kaufentscheidung und entsprechende Klagen aus der miserablen Sache heraus begründet und sich gleichzeitig nicht in der Lage sieht, ein Regal oder einen Gefrierschrank herzustellen. Und eben deshalb versagt er als Produzent der Leistungen, die er so wehmütig vermißt.

Der »Bürger« hat nach einigem Hin und Her eine Ersatzlieferung vom Herstellerbetrieb erhalten, ohne daß das Problem der Arbeitsleistung und Qualität zum Gegenstand von weiterführenden Erörterungen geworden wäre.

Ich weiß aus persönlicher Erfahrung, daß der beschwerdeführende »Bürger« inzwischen einen westdeutschen Gefrierschrank in seinem Hause hat und sich unbeschwert auf Auslandsreisen begibt – der GS 150, der eine ganze Hausgemeinschaft in Atem hielt, ist längst vergessen.

12. Der betrogene Betrüger

Nach der Wende war bald offenbar geworden, daß die Bewohner der ehemaligen Deutschen Demokratischen Republik den Herausforderungen des sich öffnenden Marktes zumeist nicht gewachsen waren. Die sogenannte Produktvielfalt überforderte sie genauso wie die realistische Einschätzung ihrer Bedürfnisse und ihrer ökonomischen Potenz. Zwar hatten sie im Rahmen des Währungsumtausches erkleckliche Guthaben auf ihren Konten, doch selbst dieses Geschenk der Einheit erwies sich letztendlich als begrenzt. Häufig stellte sich nach einer gewissen Zeit Katzenjammer ein, wenn klar wurde, daß die erstandenen Waren tatsächlich bezahlt werden mußten.

Westdeutsche Vertriebsorganisationen hatten in Ostdeutschland ein neues Betätigungsfeld ausgemacht und unter den Ostdeutschen eine Legion von Vertretern angeworben, die in ihrer Familie und Nachbarschaft von Haus zu Haus gingen, um von den Segnungen der Konsumgesellschaft zu künden. Es kamen ungezählte Kauf-, Raten- oder Abonnementsverträge zustande, und es gab nahezu keinen ehemaligen DDR-Bürger, der dieser Verheißungswelle von Glück, Wohlstand und Schnickschnack hatte widerstehen können.

1993 wurde eine Gruppe von westdeutschen Forschern beauftragt, diesem Phänomen auf den Grund zu gehen. Als Beispiel wurde eine Abonnentenwerbung für Zeitschriften untersucht, deren Zentrale in Lübeck angesiedelt war, die aber inzwischen auch in Schwerin eine Niederlassung gegründet hatte. Die Forscher nahmen Kontakt zu den mit ausschließlich sachlicher und finanzieller Hilfe aus dem Westen gegründeten Verbraucherzentralen im Osten auf und stellten mit Verblüffung fest, daß die meisten Neulinge des ostdeutschen Verbraucherschutzes selbst zum Opfer westlicher Marketingstrategien geworden waren. Sie schlugen sich, ebenso wie ihre Schutzbefohlenen, mit Kochtopf-Sets herum, deren Abzahlung auf Raten ihren Kindern schon ein viermonatiges Studium im Westen ermöglicht hätte; Freizeitutensilien, kaum benötigte Rheumadecken und Zeitschriftenabonnements rundeten ihre Erfahrungen ab. Sie hatten vor der Wende zumeist im Amt für Standardisierung, Meßwesen und Warenprüfung (ASMW) oder für die Arbeiter-und Bauern-Inspektion (ABI) gearbeitet. Beides Institutionen, die im weitesten Sinne mit der Qualitätssicherung in der Deutschen Demokratischen Republik beauftragt waren. Das ASMW sollte für normgerechte Herstellung sorgen – eine schwierige Aufgabe, weil technische Normen oft willkürlich sozialistischer Bestimmung unterlagen; die ABI hatte die Aufgabe, Betriebsabläufe zu optimieren und für sparsamen Umgang mit Material und Energie zu sorgen. Kaum jemand macht sich eine Vorstellung davon, wie schwer das werden konnte, da beide Organisationen gleichzeitig auch noch »moralisch (zu) stimulieren«, beziehungsweise »herzloses Verhalten gegenüber den Menschen energisch zu bekämpfen« hatten. So blieben häufig genug die Verbesserung des Kantinenessens oder die betriebsinterne Verlängerung der Ruhepausen das Ergebnis dieser Bemühungen. Es wird also niemand behaupten können, die beiden Institutionen hätten den Absturz der Deutschen Demokratischen Republik über Gebühr verzögert.

Allerdings verfügten die neu ernannten Verbraucherschützer nicht nur über die leidgeprüfte Erfahrung, daß der Konsum im Kapitalismus ein besonderes Kapitel sei, sondern auch über eine Flut von aktenkundigen Beschwerden, die uns als Basis einer Untersuchung ostdeutschen Verbraucherverhaltens nach der Wende dienten.

Die Forscher, zu denen auch ich gehörte, haben Interviews mit den Opfern westlicher Marketingstrategien, die sich bei den neugegründeten Verbraucherzentralen beschwert hatten, durchgeführt.

Es ist gar keine Frage: Westdeutsche Distributoren haben die Begehrlichkeit der ostdeutschen Bevölkerung teilweise schamlos ausnutzen können. Warum? Kaufverträge konnten in der ehemaligen Deutschen Demokratischen Republik angesichts der notorischen Warenknappheit ohne größere Umstände annulliert werden, und nun mußten Verträge plötzlich eingehalten werden. Eine ungewohnte Rechtsförmigkeit. Das hat in der ostdeutschen Bevölkerung viel Zwietracht gesät, weil engste Verwandte und Freunde sich plötzlich von den Werbern, die ja ihresgleichen waren, betrogen fühlten. Die westdeutschen Unternehmen konnten die überkommenen Solidaritätsnetze der gegenseitigen Vorteilsbeschaffung nutzen und erwiesen sich zu ihrem eigenen Vorteil als psychologisch sehr versiert und kenntnisreich in der Beurteilung der ostdeutschen Mentalität. Aber haben sie gesetzliche Regelungen verletzt? Das wohl nicht generell. Gleichwohl hatten und haben die Verbraucherschützer in den neuen Ländern alle Hände voll zu tun.

Seit zehn Jahren beschäftigen sich Rechtswissenschaftler und andere mit der Frage, wie man mit den zivilisatorischen Defiziten des Ostens bezüglich des Konsums umzugehen habe. Im Unterschied zu den westlichen Gesellschaften, die die Figur des Konsumenten hervorgebracht haben, von dem im Prinzip angenommen wird, daß er nach Maßgabe der verfügbaren finanziellen Mittel autonom entscheidet, welche Konsumgüter er erwerben möchte, handelte es sich bei der Deutschen Demokratischen Republik eher um eine »Zuteilungsgesellschaft«, die den Nachfragern kaum Wahlmöglichkeiten ließ; sie kauften aufs Geratewohl, was eben gerade erhältlich war, um sich zu bevorraten und später tauschen zu können. Auf ein opulentes Warenangebot – Fleißergebnis vieler Hände – waren die Ostdeutschen nicht eingerichtet und erwiesen sich daher als außerordentlich verführbar und konnten oder wollten allzuoft den Verpflichtungen, die sie sich aufgeladen hatten, nicht nachkommen.

Der Verbraucherschutz, herkömmlich darauf eingestellt, die Konsumenten gegen unredliche Anbieter zu verteidigen, mußte im Beitrittsgebiet folglich erst einmal lernen, die ehemaligen DDR-Bürger vor sich selbst zu schützen. Eine gigantische Aufgabe und dennoch nur Teil eines notwendigen Zivilisierungsprozesses.

Ich will einen Interviewausschnitt mit einem äußerst unzufriedenen Bürger aus den neuen Bundesländern vorstellen, der mit Hilfe der Verbraucherzentrale einen langjährigen Kampf mit einer westlichen Abonnementsagentur ausfocht. In diesem Gespräch werden nicht nur Kategorien eines im Westen üblichen Konsumentenschutzes ad absurdum geführt – auch sicher geglaubte Bestände alltäglicher Rationalität geraten ins Wanken.

Herr Bilsky, von dem hier die Rede ist, wurde 1933 geboren und war 16 Jahre alt, als die Deutsche Demokratische Republik begründet wurde, in der er sein erwachsenes Leben verbracht hat. Lange Zeit war er als Handballspieler tätig, viele Jahre war er Sportfunktionär und Handballtrainer für die Gesellschaft für Sport und Technik und wurde nach der Wende in den verdienten Ruhestand geschickt. Als ich ihn traf, wohnte er mit seiner Frau zusammen in einem DDR-typischen Plattenbau inmitten einer Großstadt.

Ich hatte Herrn Bilsky, der einen sehr lebensfrischen Eindruck machte, schon im Hausflur getroffen, als er aus dem Keller kam, wo er die Waschmaschine des Wohnkollektivs zu seiner offensichtlichen Zufriedenheit kontrolliert hatte. Auf unserem Weg hinauf zu seiner Wohnung erklärte er schon wortreich, er selbst und seine Frau hätten an ungezählten Gewinnspielen teilgenommen, deren Ertrag ausschließlich in »Wegwerfzeug« und keineswegs in »wertvollen Gewinnen« bestanden habe. Das Interview nahm seinen Anfang.

Im folgenden wird nur die Eingangssequenz des Interviews, so wie sie auf dem Tonband protokolliert ist, in schriftlicher Form vorgestellt. Der Befragte ist mit »B« gekennzeichnet und der Interviewer mit »I«.

Nach den üblichen Begrüßungszeremonien nahmen Interviewer und der Befragte Platz an einem Tisch in der Wohnküche, auf dem die umfangreiche Akte des Vorfalls (ca. 10 cm dick) schon bereitlag.

Ich studierte das obenauf liegende Schriftstück, als Herr Bilsky ungeduldig zu berichten begann:

B: Ja, die wollten mich auch ärgern.

I: »Fortuna« ... (ich las laut den Titel eines auf dem Aktenberg liegenden Reklamezettels ab.)

B: Damit ging's los. Dummenfang. Autos und was weeß ick, da sind wir ja nich die einzigen, das is ja, das is ja...

I: Das haben Sie einfach so ins Haus bekommen?

B: Ja, Postwurfsendung. Fast jeder oder oder woll'n wer sagen die Hälfte davon kam ja mit: »Sie haben gewonnen!«

I: Und haben Sie an diesem Gewinnspiel »Wissen und Gewinnen« mal teilgenommen? (Es handelt sich um das auf dem Blatt »Fortuna« angebotene Gewinnspiel, das neben dem ohnehin schon zugesicherten Gewinn noch weitere Gewinne versprach, wenn vorgegebene Fragen richtig beantwortet würden.)

B: So, und daran haben wir teilgenommen, ja, dazu gab's dann natürlich auch das – (er präsentiert eine umfängliche Liste von Zeitschriften, ca. 170 Titel).

I: So viele Zeitschriften, Donnerwetter noch mal.

B: Indem man eine Zeitschrift bestellen möchte. Da haben wir uns eine ausgeguckt, eine, die bloß einmal im Monat kommt und die nicht so sehr viel kostet, und meine Frau is für die »Tina« (Titel einer Zeitschrift), für Strickmode – 'n bissel interessiert.

I: Ja.

B: Haben wer jesacht, dann bestellen wer die, und dann wolln wer mal sehen, was dann kommt.

I: Aber nichts gewonnen? Hat denn in Ihrem Bekanntenkreis...

B: ...nein, nein, nein, also von den angepriesenen Preisen, Reisen, oder sonster noch was, da haben wir erst mal Erfahrungen gesammelt. Das mit den vielen Gewinnchancen, das war für uns ja neu. Kreuzworträtsel, so bescheidene Sachen gab's ja zu DDR-Zeiten auch schon zu gewinnen, aber so wie sie hier dann eben, was weeß ich – mit Auto, 1., 2., 3. Preis – erster vielleicht sogar 'n Mercedes zu gewinnen, zweiter 'n BMW, dritter, was weeß ich, vielleicht 'n Golf – da guckte man natürlich erscht mal, Donnerwetter, was is'n hier los, na ja, bloß mitmachen, bloß 'ne Postkarte, nu ja, da schicken wir mal hin. So, das haben wir gemacht in der ersten Zeit, das war so 90, im Jahre 90. Mit Glückscoupon, so was, so'n Schnuddel schicken wir sowieso nicht mehr weg, weil das Kokolores ist.

I: Hm, kommt nichts bei rum.

B: Nein, und weil, weil ich der Meinung bin, daß das Schwindel ist. Daß das Betrug ist, daß da das, was hier also außer dem Schnullizeug so gibt, aber die, was weeß ich, ja Auto und Reisen und sonsterwas, eh weiß ich nich, wie ses machen, manche bringen ja noch, bringen noch, bringen noch Bilder, und hier das ist der oder die glückliche Gewinnerin, das sowieso, Name und Ort, woher, möglicherweise können das Bekannte sein, die dann für hundert Mark sich da mal fotografieren lassen, und das sind alles Dinge – so schätze ich die Lage ein.

I: Ja, hm.

B: Aber ich glaube nich, wer hat denn heute im Kapitalismus was zu verschenken – wenn das so 'ne große Firma wie Quelle oder sonster noch so was so macht, oder Neckermann, die können sich das leisten, dort könnte ich mir das vorstellen, daß die vielleicht auch mal'n Auto spendieren, aber diese Truppen doch nich.

Es geht also um folgenden Sachverhalt:

Das Ehepaar Bilsky hatte nach der Wende auf die Flut von Werbeangeboten, die mit Gewinnen lockten, mit Interesse an diesen ausgelobten Gewinnspielen teilgenommen, aber kaum mehr gewonnen als »Schnullizeug«. In einem besonders reizvollen Fall hatte es sich zum Abonnement einer Strickzeitschrift entschlossen, die aber auch nicht den erhofften Gewinn brachte; diese Zeitschrift sollte dann wieder abbestellt werden, was sich schwierig gestaltete, weil der Lieferant auf Abnahme bestand und die Anerkenntnis der Kündigung verzögerte. Das hat dem Ehepaar Bilsky viel Not bereitet, die nun mit Hilfe der Verbraucherberatung in geordnete Bahnen gelenkt werden sollte und letztlich auch gelenkt wurde. So weit, so gut.

Tatsächlich interessant ist die Erfahrung, die das Ehepaar Bilsky innerhalb von drei Jahren bei Betreuung durch die ostdeutsche Verbraucherzentrale gewonnen hat, mit anderen Worten, welcher Erkenntnisgewinn sich nach drei Jahren intimer Konfrontation mit dem verführerischen Kapitalismus abzeichnet. Denn den ostdeutschen Verbraucherzentralen, die nicht zuletzt aus Mitteln des Bundeswirtschaftsministeriums finanziert werden, obliegt es auch, ihre Klientel mit der rechtlichen Seite der sozialen Marktwirtschaft bekanntzumachen. Unter den genannten Umständen ist das keine leichte Aufgabe.

Geht man dieser Frage in dem zitierten Interviewabschnitt nach, fällt als erstes auf, daß sich Herr Bilsky über den Versuch, ihn zu »ärgern«, ärgert. Er gesteht auch zu, daß er Opfer des »Dummenfangs« geworden sei. Dagegen scheint er nun durch Erfahrung gefeit. Oder doch nicht?

Auffallend ist die fast schonungslose Selbstklassifizierung als zur Gruppe der »Dummen« gehörig, die lediglich durch den Hinweis etwas gemildert wird, man sei schließlich nicht der einzige gewesen, der in diese Netze gegangen ist, vielmehr, so läßt sich problemlos erschließen, sei das Phänomen der Beteiligung an Gewinnspielen dieser Art sehr weit verbreitet gewesen. Die Faszination, der Herr Bilsky erlag, wird an der Formulierung »Sie haben gewonnen« festgemacht, die jeden Empfänger der entsprechenden Postwurfsendung zu einem Gewinner ernannte, ohne daß er irgend etwas dafür getan hätte. Die als Massenpostgut verschickte Verlautbarung, der Empfänger – und das sind schlicht alle Haushalte in einem Zustellbezirk, wenn nicht gar einer ganzen Stadt – habe einen Gewinn erzielt, löst beim Ehepaar Bilsky, aber auch bei anderen Adressaten solcher Schreiben Folgehandlungen aus, die sich in einer eigentümlichen, nahezu magisch-beschwörerischen Verblendung bewegen.

Daß sich Gewinne nicht von allein einstellen, sondern notwendigerweise mit Handeln verknüpft sind, ist seit Urzeiten bekannt. Auch den Neubürgern der Bundesrepublik muß es geläufig gewesen sein, daß ein Gewinn irgendeine Form individualisierten Handelns, die sich als Beteiligung an einem Gewinnspiel auslegen läßt, zur Voraussetzung haben muß (Herr Bilsky erwähnt die Kreuzworträtsel, die es zu lösen galt, wollte man in der DDR einen bescheidenen Gewinn kassieren). Wenn diese nicht stattgefunden hat, kann logischerweise auch kein Gewinn erzielt werden, und wo kein Gewinn erzielt worden sein kann, können sich logischerweise keine Handlungen ergeben, die dennoch auf das Kassieren von Gewinnen ausgerichtet sind. Dies wäre allerdings neben ihrer puren Begehrlichkeit vor allen Dingen hochgradig irrational, wenn nicht betrügerisch.

Daraus entsteht für Westdeutsche die nicht so einfach zu beantwortende Frage, worin ein massenhafter Ausbruch in den Irrationalismus, wie ihn große Teile der DDR-Bevölkerung angetreten haben, im ausgehenden 20. Jahrhundert begründet sein könnte.

Dafür gibt es nur eine plausible Antwort, nämlich die, daß sich alle »Gewinner« in eine Sozialkategorie einordnen, für die das allgemeingültige Modell des rationalen Austausches oder der Relation von Aufwand und Ertrag tendenziell aufgehoben ist. Dies sind in der Regel Kinder, Kranke, materiell Bedürftige und in Grenzen auch Gäste, für die die Gesellschaft Wohltaten und leistungsfreien Gewinn und Versorgung vorsieht.

Für Nicht-Kranke, Nicht-Kinder und Nicht-Gäste – die Beitrittsvereinbarungen haben nicht nur das Begrüßungsgeld abgeschafft, sondern auch aus allen diesen »Kranken, Kindern und Gästen«, für die sich die Bürger der Deutschen Demokratischen Republik halten mochten, Staatsbürger der Bundesrepublik Deutschland gemacht – lösen sich derlei Versorgungserwartungen bei Lichte betrachtet in Luft auf.

Wie es dazu kommen kann, daß erwachsene Menschen nach dem Zusammenbruch des zerrütteten, irreal gewordenen deutschen Sozialismusmodells dennoch Trugbildern eines sich fortsetzenden Schlaraffenlandes anhängen, bleibt ein Forschungsfeld der Sozialpsychologie.

Die sehr viel einfachere Frage des Interviewers, ob Herr Bilsky an dem Gewinnspiel »Wissen und Gewinnen« teilgenommen habe, und die dieser mit »Ja« beantwortet hat, erschließt indes eine weitere Variante der Gewinnbegehrlichkeit. Nachdem Herr Bilsky die unter dem Titel »Eignungstest« den Adressaten vorgelegten, geradezu beleidigend dummen Fragen zum Ergänzen unvollständiger Markennamen mit Leichtigkeit ausgefüllt hatte, erschöpfte sich die weitere Bedingung zur Teilnahme an diesem Gewinnspiel darin, die Adresse und nach Möglichkeit auch die Kontonummer anzugeben. Auf diesem Umwege findet sich dann doch noch das aktive Handeln der zuvor schon zu »Gewinnern« Ernannten.

Und damit wird dann der Schritt in die magische Verblendung und in die Welt des Füllhorns getan, in die Welt der erwarteten und unverdienten Reichtümer. Allerdings ist auch der Weg in dieses Zauberreich wenn nicht gerade dornenreich, so doch nicht gänzlich ohne Dornen, denn die Liste mit den 170 Zeitschriftentiteln, die »natürlich« dabeiliegt und aus der es zu wählen gälte, wenn man denn eine Zeitschrift abonnieren wollte, erinnert von Ferne doch noch an das Realitätsprinzip des Tausches. Obwohl das Einheimsen des Gewinns in keiner Weise an die Bestellung einer Zeitschrift geknüpft war und das Abonnieren mit dem hohen Unterhaltungs- und Informationswert der Blätter beworben wurde, fühlte sich Herr Bilsky irgendwie gemüßigt, darüber nachzudenken, ob er nicht vielleicht tatsächlich eine Zeitschrift »bestellen möchte«.

Darüber traf das Ehepaar Bilsky eine Abwägung, die einen Zusammenhang zwischen Gewinn und Abonnement phantasiert, mit der Konsequenz, daß sie gemeinsam die Liste der Zeitschriften durchgehen, um ein bestellfähiges Blatt zu ermitteln. Die Bestellung gewinnt auf diese Weise etwas von dem Charakter einer Opfergabe, die die Gewinngröße beschwören soll.

Zur Verdeutlichung: Der Gewinn als solcher ist gesichert, er ist an keine Bedingung geknüpft. Jedoch ist seine Höhe oder sein Wert noch unbestimmt. Besteht er in einem Mercedes oder wenigstens in einem Golf aus dem Volkswagenwerk? Oder wird es sich nur um einen Talmi-Ohrring handeln, den ein verdienter SED-Genosse, den wir zum selben Thema befragten, im Alter von 72 Jahren aus der kapitalistischen Schmuckschatulle übereignet bekam? Wenn es Herrn und Frau Bilsky lediglich darum gegangen wäre, den ausgelobten Gewinn zu kassieren, hätte eine richtig ausgefüllte Postkarte genügt. Sie wollten indes mehr. Die Wertgröße des Gewinns schien ihnen beeinflußbar.

Im Sinne der Regel vom Geben und Nehmen, die hier im Hinterkopf doch noch aufblitzt – auch im Osten weiß man letztlich noch: von nichts kommt nichts –, entschieden sie sich für ein Abonnement.

Die freiwillige Wahl einer Zeitschrift, die die Aussichten

auf den herbeigesehnten Gewinn vergrößern helfen soll, fällt auf die Illustrierte *Tina*, die nach skrupulösen Erwägungen mehrere Vorzüge in sich vereinigt: Sie erscheint nur zwölfmal im Jahr, was die Kosten des Jahresabonnements gegenüber Publikationen, die etwa wöchentlich erscheinen, erfreulich senkt. Des weiteren ist der Stückpreis (2,30 DM) auch für diesen Haushalt noch erschwinglich, und schließlich handelt es sich um ein Journal für Strickmode, womit sich fast schon der der Vorteil verbindet, daß die Ehefrau an diesem Thema zwar nicht geradezu brennend, aber immerhin doch ein »bissel« interessiert ist. Die Zeitschrift hat also sogar gewisse Chancen, gelesen zu werden, und wäre damit nicht gänzlich nutzlos. Nach herkömmlichem Verständnis bestellt niemand eine Zeitschrift, die er nicht wirklich lesen will. Was auch immer die Pressefreiheit erreicht hat, das Publikum kauft Zeitungen, um sich zu unterrichten.

Hier verhält es sich anders, das Blatt wird als Opfergabe an die unbekannten Mächte der Gewinnzuteilung bestellt, um diese geneigt zu machen und gewogen zu stimmen, und insofern hat sie ihren irrational abgezirkelten Wert. Die Zeitschrift ist also nicht als gewünschtes Konsumgut abonniert worden, sondern als Mittel, um ein anderes besonders gewünschtes Konsumgut, etwa ein Mercedes-Automobil, als Gewinn zu erhalten.

Es kommt eine Minimalstrategie zum Zuge, die den Einsatz von zwölfmal 2,30 DM pro Jahr angesichts der Herausforderung, vielleicht »sogar einen Mercedes« zu gewinnen, vertretbar erscheinen läßt.

Der Bestellung lag ferner folgendes Kalkül zugrunde: Die mit wertvollen Gewinnen zum Mitspielen animierenden Firmen waren samt und sonders aus dem Westen, und die Preise waren Westpreise. Die zur Teilnahme erforderliche Postkarte hingegen mußte nur mit dem konkurrenzlos günstigen Ostporto von 30 Pfennig frankiert werden. Die Aussicht auf ein Schnäppchen sowie das günstige Verhältnis zwischen

Aufwand und Ertrag ließ eine Nichtteilnahme einfach nicht zu. Erst die Umstellung des Portos auf Westtarif brachte diese Auswüchse zum Erliegen.

Nach der Bestellung der Zeitschrift schließlich scheint sich das Ehepaar Bilsky in aller Ruhe darauf zu konzentrieren, was die Zukunft so bringen wird. (Dies erinnert nicht von ungefähr an die Phänomene des »Cargo-Kults« nach dem Zweiten Weltkrieg, als die Südseeinsulaner mit ihren beschränkten Mitteln flugplatzähnliche nächtliche Befeuerungen anlegten, um die silbernen Vögel der Air Force mit ihren nahrhaften Ladungen anzulocken.)

Rein rational gesehen hätte der Besteller mit dem alsbaldigen Kommen der Zeitschrift *Tina* gerechnet. Die formulierte bange Erwartung »...dann woll'n wer mal sehen, was dann kommt« bezieht sich aber nicht auf das Abenteuer eines Abonnements – welche Zeitschrift haben wir ab jetzt im Haus, was werden wir lesen? –, sondern auf die Frage, ob die magische Beschwörung des Gewinns kräftig genug war. Wie wir erfahren, hat sich keiner der wohlvorbereiteten Gewinne eingestellt. Und Herr Bilsky zögert nicht, diese Art der an ihm vorbeigegangenen Gewinne und ihre Verteilung als »Schwindel« und »Betrug« zu qualifizieren. Harte Anklagen. Wie das?

Herr Bilsky als Kind der Deutschen Demokratischen Republik hat messerscharf erkannt, daß er zum besten gehalten wurde. »Schwindler« haben ihm das Abonnement einer Strickzeitschrift aufgenötigt. Seine insgeheim gehegte Absicht, mit ein »bissel« gutem Willen könne man erste, zweite und dritte Preise erringen, hat sich als Trugschluß erwiesen. Sein magischer Einsatz war umsonst. Ein Betrogener. Die Enttäuschung ist groß, nein, riesengroß. Der goldene Westen hält seine Versprechungen nicht ein. Jedenfalls nicht gegenüber dem Ehepaar Bilsky – kein Mercedes, kein BMW, kein Golf.

Das ist natürlich fürchterlich, dennoch hat diese Affäre

auch ihre Kehrseite. Zwar reklamiert Herr Bilsky Betrug und Schwindel, aber – und das ist die überraschende Quintessenz – nicht etwa, weil er bei seinen Geschäften getäuscht worden wäre, denn schließlich hat er die von ihm bestellte Zeitschrift erhalten, und genau darum ging es bei diesem Rechtsgeschäft. Das moniert Herr Bilsky auch gar nicht. Er bemängelt hingegen, daß die übereigneten Gewinne nicht das erwartete Format bewiesen. Herr Bilsky hat demnach in Wirklichkeit nicht eine Zeitschrift bestellt, sondern einen Gewinn, also Autos und Reisen und Bargeld, aber keinesfalls »Schnullizeug«. Die Bestellung der Zeitschrift entpuppt sich als listenreiche Scheinbestellung, um sich eines Gewinns, der vor seinen Augen Gnade gefunden hätte, zu versichern. Herr Bilsky hat aus seiner Sicht demnach ein ganz anderes Vertragsverhältnis begründet, er hat nämlich zu seinen Gunsten versucht, die Geben-und-Nehmen-Regel zu unterlaufen: Er wollte sich mit dem Jahresabonnement einer Strickzeitschrift einen Mercedes einhandeln. Und darin enthüllt sich das Bild vom »betrogenen Betrüger«. Nicht der faktische Vertragsgegenstand – das Abonnement – ist der Anlaß seiner Vorwürfe, sondern ein in rechtlicher Hinsicht marginaler, im Motivationsanlaß allerdings zentraler Aspekt: der für sicher erhoffte Extraprofit, den schon Marx als irrational und illegitim charakterisierte, blieb aus.

Und es mag sein, daß es genau diese Qualität der Enttäuschung ist, die der DDR-Bevölkerung so viel zu schaffen macht und die den innerlichen Einigungsprozeß langatmig verschleppt – es gibt nichts mehr ohne redliches Bemühen: Der Westen hat nicht deutlich genug gemacht, daß alle ausgelobten Verheißungen letztlich auf Tätigkeit und nicht auf milden Gaben beruhen. So gesehen, bewegen wir uns innerhalb dieses Interviews in der Welt völlig abstrakter Existenzformen, die einen quasi existentiell eingebauten Anspruch auf paradiesische Segnungen jeglicher Art haben. Werden die nicht erfüllt, ergeben sich Reklamationen und Enttäuschungen. Kindergeburtstag eben – die Deutsche Demokratische Republik wird 50.

Es ist schon eine absonderliche Vorstellung, daß ein erwachsener Mensch so etwas wie einen vertraglichen Rechtsanspruch auf angemessene persönliche Gewinne bei fadenscheinigen Gewinnspielen formuliert und, wenn diese schließlich nicht in der erwarteten Größenordnung liegen, den Gewinnverteiler, dem man gerade noch in eigenem Sinne mit einem Abonnement einen Hauptgewinn abluchsen wollte, zum betrügerischen Kriminellen erklärt.

Nun ist es durchaus reizvoll, darüber nachzudenken, in welchen gesellschaftlichen Konstellationen sich eine solche Weltsicht erfolgreich etablieren kann. Der real existierende Sozialismus hat es wohl nicht vermocht, seinen Zöglingen die historisch in Aussicht gestellten Gewinne zu übereignen – er hat aber menschliche Existenzen hinterlassen, die immerfort glauben, das Heil käme von irgendwoher. Und da setzt uns Herr Bilsky in Erstaunen und uns Mitfühlende ins Unrecht.

Betrachten wir die leidvolle Erfahrungsgeschichte eines im sozialistischen Staatsdienst stehenden Handballexperten, der sich für seinen Staat aufgeopfert hat, der seine Mannschaften von Sieg zu Sieg geführt hat, der mit Orden und Auszeichnungen gesegnet wurde, so kann es uns nur wundern, daß dieser verdiente Mann nach der Zerbröselung des sozialistischen Spielfeldes, den betrügerischen Kapitalismus immer scharf im Auge habend, erklärt:

» ...wer hat denn heute was zu verschenken ... und wenn so 'ne große Firma wie Quelle oder Neckermann ... so was so macht, die können sich das leisten, dort könnte ich mir das vorstellen, daß die vielleicht auch mal'n Auto spendieren, aber diese Truppen doch nich.«

Nach diesen Ausführungen ist es vollends klar, daß Herr

Bilsky endlich – wir befinden uns während dieses Interviews im Jahre 1993 –, nach all seinen langjährigen Erfahrungen mit kapitalistischen Kleinbetrügern und anderem Elend, eine kritisch gestählte Auffassung gewonnen hat. Illusionen sind ihm fremd und verdächtig geworden. Durch Leid geläutert und, nicht zu vergessen, durch die demokratisch sozialisierende Beratung der ostdeutschen Verbraucherschützer sieht er nun klar: Der Öffnung zum westdeutschen Markt steht er in voller Skepsis gegenüber, allen Gewinnversprechungen, so wie er sie bisher kennengelernt hat, haftet etwas Unsolides an. Sie sind mit Enttäuschungen gepflastert, und selbst wenn ein glücklicher Gewinner einmal fotografisch dokumentiert wird, handelt es sich um eine Fälschung, zu der sich jemand aus dem Bekanntenkreis dieser »Truppen« für hundert Mark zur Verfügung stellt – das erscheint ihm wahrscheinlich. Mit dieser Erkenntnis stößt er zu einer zweiten Klarheit vor: Gegenüber derart trügerischen Versprechen sind solche Gaben verläßlicher, die sich gar nicht erst in das Gewand eines Gewinnes kleiden, sondern offen und ehrlich gleich als Geschenk daherkommen. Angesichts der traurigen und zutreffend erkannten Tatsache (Fakt, sagt man wohl im Osten), daß »heute kaum jemand was zu verschenken« habe, wäre es angenehm, wenn machtvolle, geradezu majestätische Instanzen wie »Quelle« oder »Neckermann«, die nicht auf den Pfennig gucken müssen, sich selbstlos dieses Geschenkproblems annehmen würden. Allenfalls ein Konzern dieser Größenordnung könne mal eben ohne Schwindel und Betrug zur Großherzigkeit finden und etwas »spendieren«. Endlich ein Geschenk für Herrn Bilsky. Keine schnöden und unsicheren Gewinne mehr – ein Geschenk.

Was für ein Fortschritt. Der kategorische Irrtum, es könne tatsächlich »auch mal 'n Auto« spendiert werden, erhält sich die Option auf voraussetzungslose Zuwendungen. Nicht der ökonomische Hirtenglaube, ausgerechnet eine

»große Firma« habe etwas zu verschenken, ruft Erstaunen hervor, sondern die Beharrlichkeit, mit der das »Geschenk«, viel mehr als der »Gewinn« als Planungsgröße in die Lebensführung eingeht. Hier öffnet sich das Feld eines parasitären Lebensentwurfes, das zwischen »Schwindlern« und fast himmlisch überhöhten Instanzen wie »Quelle« und »Neckermann« plaziert ist. Denn das ist auch einem alten DDR-Handballfunktionär klar: Gewinne und Geschenke werden – wie gewohnt – von anderen finanziert. Einmal war es die DDR-Gesellschaft, die diesen Ballkünstler finanzierte, nun soll es der Westen sein.

Zieht man eine diesen Fall repräsentierende Erfahrungsbilanz, ergibt sich für die immerhin dreijährigen Auseinandersetzungen mit der Zeitschriftenagentur als inhaltliche Quintessenz die erstaunliche Differenzierung zwischen Gewinnen und Geschenken, wobei letzteren eindeutig der Vorzug gegeben wird. Die gesamte Affäre löst sich nicht einen Moment aus der eigenartig beschränkten Sichtweise, in der eine grenzenlose Empfangsberechtigung bei gleichzeitiger Totalverweigerung von Eigenleistung und vollständiger intellektueller Ausblendung des Zusammenhangs von Produktion und Konsumtion als Wirklichkeitsmodell dient. Realitätssinn ist ein knappes Gut.

Nun gut, ein Sonderfall, mag man einwenden. Ein Einzelfall könne nur für sich sprechen. Daran ist richtig, daß jeder Fall seine eigenen Konturen bildet. Andererseits ist der einzelne Fall immer auch ein strukturierter und regelhaft erzeugter, er ist also sowohl individuiert als auch soziales Resultat. Wenn wir Herrn Bilsky vor Augen haben, haben wir gleichzeitig die Gesellschaft vor Augen, die einen solchen Fall möglich gemacht hat.

Die vermeintliche Exotik des geschilderten Falles besteht gerade darin, daß er in der Übergangsphase zwischen Ost und West eine Irrationalität und querulatorische Impertinenz repräsentiert, die sich in der alten Deutschen Demokratischen Republik längst etabliert hatte. Die nun auch dem Westen gegenüber nicht versiegende Hoffnung auf ein Geschenk, auf abwartend erwartendes Wohlergehen, spiegelt nichts anderes als den die Deutsche Demokratische Republik vernichtenden Anspruch, für das subjektive Wohlbefinden zu sorgen. Das Auswechseln von Staatsrat gegen Neckermann kann man dann leicht nehmen.

Herr Bilsky wird gegenüber seinem neuen Staat weiterhin dicke Aktenordner anlegen und zu seinem Recht kommen. Er wird dermaleinst vielleicht sagen können: »Außer Handball habe ich nichts gemacht, aber betrogen worden bin ich immer.«

13. Aufbruch in eine gemeinsame Zukunft

Immer wieder waren wir in dieses uns fremde Land gefahren, dessen traurige Ruinen an eine gemeinsame Vergangenheit noch gerade erinnerten.

Wir waren Zeuge dessen geworden, was uns wie ein Aufbruch in eine gemeinsame Zukunft erschien, so emphatisch erschien zunächst die Zustimmung zu westlichen Werten und westlichen Lebensformen.

Immer wieder trafen wir die Ostdeutschen, die uns Westlern – wie schon immer – nach der Wende endlich einmal zeigen wollten, was eine Harke ist, und waren entsprechend gespannt und haben abgewartet.

Wir haben zugehört, als sich ziemlich bald die Meinung dazugesellte, es sei nicht alles schlecht gewesen in der Deutschen Demokratischen Republik. Wir erinnerten diese Melodie noch aus den Nachkriegsjahren der alten Bundesrepublik, als so mancher, selbst Kriegsheimkehrer und Vertriebene, dem Tausendjährigen Reich nachtrauerte, in dem man sich trotz allem »zu Hause« gefühlt hatte. Adorno hat für diese Kuriosität den geschichtsphilosophisch und moralisch rigorosen Satz geprägt: Es gibt kein richtiges Leben im falschen.

Heute, ungefähr zehn Jahre nach dem Zusammenbruch der Deutschen Demokratischen Republik, hören wir immer häufiger, vieles sei »zu DDR-Zeiten besser gewesen«. Wenn Steigerung möglich ist, wird schließlich damals alles besser gewesen sein. Wird das oft beklagte falsche Leben in der Diktatur doch noch das richtige?

Die bundesrepublikanische Politik hat sich seit 1990 die materielle Angleichung der Lebensverhältnisse zwischen Ost und West zum Ziel gesetzt, denn darum ging es ihr schon über all die Jahre während des sogenannten Systemwettstreits zwischen den Brüdern und Schwestern. Die Übereinstimmung der Bewußtseinswelten wurde – trotz der durchgreifend unterschiedlichen Deutungen des gesellschaftlichen Lebens in den beiden Teilen Deutschlands – schlankweg unterstellt, sprachen wir doch alle deutsch.

So wie die Brache der ehemaligen Deutschen Demokratischen Republik unmittelbar auch mit der Bewußtseinslage der ostdeutschen Bevölkerung zusammenhing, gründete das materialistische Versprechen der »blühenden Landschaften« auf der in Westdeutschland tief verwurzelten Überzeugung, Demokratie, Rechtsstaatlichkeit und soziale Marktwirtschaft und, nicht zu vergessen, Fleiß ließen sich quasi per Beitritt zur Bundesrepublik implantieren und die Ostdeutschen gewissermaßen automatisch befähigen, den »Aufschwung« auch praktisch in die Tat umzusetzen.

Damit saß die alte Bundesrepublik, gänzlich unerfahren mit Beitritten maroder Gesellschaften, einer Selbsttäuschung auf und hatte ihren eigenen bitteren historischen Erfahrungshintergrund vergessen.

Eine unbehagliche Erfahrung der Westdeutschen nach der Zerschlagung des Hitler-Faschismus im Westen durch die Alliierten wurde vollends außer acht gelassen. Die westlichen Alliierten versuchten damals, die Spreu vom Weizen, also Nazis von Mitläufern und diese wiederum von Unbescholtenen zu trennen. Der Plan, das gesamte westdeutsche Volk einer Psychoanalyse zu unterziehen, wurde zwar bald aufgegeben, weil es eine selbst für Amerikaner nicht zu lösende Aufgabe dargestellt hätte. Die Idee der *re-education* wurde mittels des berühmten Fragebogens eingeleitet, in dem jeder erwachsene Bewohner der Westzonen mit der Beantwortung von über 130 Fragen Zeugnis über seine Vergangenheit im Dritten Reich ablegen und dabei dann und wann auch ins Nachdenken kommen sollte. Ernst von Salomon hat über diese Maßnahme in seinem im Jahre 1951 erschienenen Buch *Der Fragebogen* ausführlich berichtet. Diese Aktion wurde damals von vielen als arge Zumutung und teilweise auch als eine Art der Kolonisierung durch den aus Herrenmenschensicht unzivilisierten Westen verstanden. Der Ärger war groß.

Nun wird bekanntlich nicht alles so heiß gegessen, wie es gekocht wird. Zweifellos fanden im Westen trotzdem so manche Nazis, die sich zumeist als reumütige Sünder verstanden, ihren Unterschlupf in der sich entwickelnden Demokratie der jungen Bundesrepublik.

Der Wille der Westalliierten war davon dominiert, eine Rückkehr zur Diktatur in jedem Falle zu verhindern. In tausenden und abertausenden Einzelschritten waren sie an der Reorganisation des gesellschaftlichen Lebens beteiligt: am Wiederaufbau des Bildungswesens, an der Etablierung der freien Meinungsbildung in Gestalt der Vielfalt von Presse und Rundfunk, an der Gründung und Wiederbelebung von Parteien, Verbänden und Vereinen, an der Wiederbelebung des Rechts und der Organisation der Justiz – nichts geschah ohne ihre Mitwirkung, sie waren resolute Geburtshelfer einer demokratischen deutschen Gesellschaft. Eine Qual für viele, ein Segen für alle.

Die SBZ hingegen geriet vom Regen in die Traufe: Dort konnten die mehr oder minder geläuterten Nazis gleich ihre Erfahrungen in dem gegliederten Aufbau der diktatorischen Deutschen Demokratischen Republik unterbringen.

Mittlerweile scheint weder im Osten noch im Westen Klarheit darüber zu bestehen, mit welcher Art von Diktatur man es eigentlich zu tun hatte.

Staatsrat, Politbüro, Zentralkomitee, Parteileitung und die fein verästelten Suborganisationen des Regimes, wie Nationale Front, FDJ und Betriebskampfgruppen, die in zyklopisch-ideologischer Einsicht mit dem Volk der Deutschen Demokratischen Republik die Schmach des Untergangs über Ostdeutschland gebracht hatten, werden mal als Sachwalter der Diktatur des Proletariats und damit als Hort einer ostdeutschen Demokratie verstanden. Ein andermal wiederum gelten sie als Ausweis des demokratiefeindlichen Unrechtsstaates, der Andersdenkende zu Tode hetzte, erschoß oder nach Bautzen brachte, wo nach Aussagen von Häftlingen und Zeitzeugen ein Regime herrschte, das den Vergleich mit den Nazi-Vorgängern nicht zu scheuen braucht. Bis in den Herbst 1989 wurde die detailreiche Planung von Isolierungslagern betrieben, die mit der Wende zum Erliegen kam. Das mag kaum noch jemand hören, und die noch lebenden Opfer schweigen zumeist dazu oder finden kein Sprachrohr.

In den zehn vergangenen Jahren seit der Einigung wächst wundersam die Auffassung, dem Staats- und Parteiapparat inklusive der allgegenwärtigen Staatssicherheit sei sogar das Prädikat der »fürsorglichen Diktatur« zu bescheinigen. »Ich liebe euch doch alle«, hatte Erich Mielke, der Chef der Stasi, noch gerufen, als sein auf Schild und Schwert der Partei gegründeter Thron ins Wanken geriet.

Die alte Bundesrepublik hat kaum Anstrengungen unternommen, ihrer Schmähung als grimmiger Kolonisator gerecht zu werden, und konnte es aufgrund der Verfassung auch kaum. Sie hat vereinzelt Fragen gestellt und schlimmstes Unrecht bisweilen abgeurteilt. Für die Klärung des epochalen Unrechts blieb ihr wohl bisher keine Zeit. Statt dessen hat sie finanziert, so wie sie es immer tat, wenn es politisch eng wurde und sie Farbe hätte bekennen müssen. Sie hat entgegen ihren eigenen Erfahrungen keinen Weg einer Demokratieschulung entwickelt, geschweige denn einen gewiesen, sie hat geradezu so getan, als hätte Demokratie im Anwenden von Regeln, die in den entsprechenden Gesetzestexten nachzulesen wären, ihr Bewenden.

Sie hat mit keiner einzigen Anstrengung explizit auf das verstörende Phänomen reagiert, daß die Deutsche Demokratische Republik und mit ihr die ostdeutsche Bevölkerung sich innerhalb von nur 40 Jahren trotz engster Nachbarschaft aus fast allen zivilisatorischen Verbindlichkeiten des westeuropäischen Raums gelöst hatte. Kurzum, die alte Bundesrepublik hat ihre epochale und »brüderliche« Sozialisationsaufgabe nicht erkannt.

In Schule und Ausbildung, der sogenannten sekundären Sozialisation, werden die nachwachsenden Generationen in den neuen Ländern immer noch einem Lehrpersonal überlassen, das zu über 90 Prozent der »fürsorglichen Diktatur« gedient hatte, um nur das mindeste zu sagen.

Nun wird die 23jährige Lehrerin, die 1989 den Eltern in Pankow einen bedrohlichen Hausbesuch samt politischer Vergatterung abstattete, weil die soeben eingeschulte Tochter, nach drei Wünschen gefragt (»ein Hund, Oma soll zu Besuch kommen«), auch ein Leben mit Papa, Mama und Oma in Köln am Rhein genannt hatte, aus solchem Anlaß heutzutage nach zehn Jahren nicht mehr in einem Elternhaus vorstellig werden. Aber wird die inzwischen 33jährige deswegen schon verstanden haben, was Elternrecht und pädagogischer Auftrag in einer Demokratie bedeuten? Wird sie danach überhaupt gefragt werden?

»Die Schule der Nation ist die Schule«, hatte vor Jahrzehnten Willy Brandt als neu gewählter Bundeskanzler der Bundesrepublik Deutschland 1969 verkündet und meinte damit, die Zeiten, in denen das Militär als Schule der Nation verstanden wurde, seien nun vorbei. Nun gehe es darum, »mehr Demokratie zu wagen« und mehr Demokratie zu lernen. (Inzwischen scheint die Bundeswehr die einzige nationale Institution zu sein, die den demokratischen »Systemwechsel« gesamtdeutsch vollzogen hat.)

Mit der Einigung Deutschlands haben sich mannigfaltige Begriffsverwirrungen ergeben, die auch an der demokratisch verfaßten Substanz der alten Bundesrepublik nagen. In den Tagen der Einigung und des Beitritts war viel von der Neuformulierung der Verfassung die Rede: Die ostdeutschen Erfahrungen sollten untergebracht werden, und außerparlamentarische »Runde Tische« sollten neben dem gewählten Parlament Gewicht bekommen. Die klägliche Verfassung der Deutschen Demokratischen Republik, insbesondere aber die Erfahrungen und Einsichten ihrer Bürger, sollten zur demokratischen Erneuerung auch der alten Bundesrepublik neue Impulse liefern. Das nun vereinte deutsche Volk sollte eine neue Verfassung beschließen.

All diese hochgemuten Redensarten und Erörterungen hatten keinen Bestand. Vom Osten war rechtspolitisch im Hinblick auf die Neufassung des Grundgesetzes nichts zu lernen. So blieb scheinbar alles beim alten, nur die in der alten Bundesrepublik gängige Vokabel vom »Verfassungspatriotismus« wirkte mittlerweile fadenscheinig ausgedünnt. Sie wollte besagen, daß bei allen Differenzen der Interpretation von nationaler Vergangenheit und Gegenwart den Westdeutschen die Verfassung zur eigentlichen Heimat geworden sei. Das wird man für das geeinte Deutschland so nicht sagen können.

Wenn die alte und neue Bundesrepublik sich mit ihren Freiheitsrechten und Pflichten spirituell und praktisch bewahren will, wird sie stärker Einfluß auf die Menschen im Osten nehmen müssen, wird nicht umhinkommen, sie nachdrücklich an den wesentlichen Gehalt von verfaßter Demokratie zu erinnern. Sie wird auch bürgerliche Tugenden der Tatkraft und Verantwortung wieder in ihre Rechte setzen müssen.

So dachten wir leidgeprüft nach über die deutsche Einigung und suchten den Mentalitätswechsel zu finden, mit dem die Ostdeutschen sich uns anschließen könnten, um eine gemeinsame Zukunft zu gestalten. Dabei erlebten wir manche Überraschung.

14. Blühende Landschaften

Im April 1998 beschlossen wir, ein paar Tage lang von Berlin aus die nähere Umgebung zu erkunden. Ob nun Brandenburg oder Sachsen-Anhalt, ein Eindruck bestätigte sich immer wieder aufs neue: Dort, wo die öffentliche Hand zahlt, ist vieles bewerkstelligt worden, Straßen sind völlig neu gebaut oder erheblich ausgebaut worden. Von der Autobahn bogen wir ab, um auf verschlungenen Wegen Köselitz, Cobbelsdorf, Coswig, Wörlitz und schließlich Wittenberg zu besuchen. Anders als die Straßen präsentierten sich die Ortschaften: Zwar waren inzwischen schon viele Dächer eingedeckt, und sogar einige Fassaden hatten einen Anstrich bekommen, der bisweilen schon wieder abblätterte, so als würden sich die Häuser mißtrauisch gegen die nun plötzlich einsetzende Pflege sträuben. Dazwischen standen die altbekannten heruntergewirtschafteten Gebäude mit blinden Scheiben, wenn sie bewohnt waren, mit zerbrochenen Scheiben, wenn sie leer standen. Häufig waren darunter Häuser von anspruchsvoller herrschaftlicher Architektur erkennbar, die sich wohl deshalb die Verwahrlosung weiter haben gefallen lassen müssen, weil sie von einer Zeit vor der »sozialistischen« Barbarei kündeten.

Vor einem klassizistischen Haus, das in erbärmlichsten Zustand war, kamen wir mit den Besitzern ins Gespräch, die gerade ein wenig mißmutig an der Errichtung eines Carports für den BMW der 3er Klasse und einen Honda Civic werkelten. Für diejenigen, die es nicht wissen: Ein Carport ist eine Unterstellmöglichkeit für Autos, die aus kaum mehr als einem Dach und vier Pfählen besteht.

Menschen in der ehemaligen Deutschen Demokratischen Republik, die erkennbar mit der Pflege ihres Besitzes beschäftigt sind, erregen unser Interesse. Vor einigen Wochen hatten wir aus einer Gruppe von Gaffern, die einem Ehepaar beim Tünchen der Außenfassade eines kleinen Hotels zuschauten, den spöttischen Satz gehört: »Wer keine Arbeit hat, der macht sich welche.« Solch eine Bemerkung würde im Westen Deutschlands wohl kaum fallen.

Was mochte sie an einem sonnigen Samstagnachmittag motivieren, sich dem Spott ihrer Nachbarn auszusetzen? Warum saßen sie nicht vor dem Fernseher, was trieb sie zu diesen außergewöhnlichen Anstrengungen?

Im Falle der Carport-Bauer bekamen wir tatsächlich solch schöne Dinge zu hören: Gerade mal für zwei Westautos hätten die eingetauschten Ersparnisse gelangt, für eine anständige Garage habe es aber nichts mehr gegeben; die Arbeitslosenunterstützung sei so dicke auch nicht, und so müsse man nun selbst einen Carport bauen, in dem die neuen Autos allerdings kaum richtig trocken stehen würden. Vorsichtig erkundigten wir uns, ob etwa die häufig angeführte »ungeklärte Rechtslage« für die anhaltende Sanierungsbedürftigkeit des Gebäudes verantwortlich sei. Nein, in dem klassizistischen Haus hätten sie schon als Kinder gewohnt, Westansprüche gebe es darauf nicht, aber was werden solle, wenn »das Gelump« erst mal zusammengebrochen sei, wüßten sie auch nicht, wenn nicht weiter Geld käme. Wir wünschten uns einen guten Tag, und sie spotteten gutmütig über unseren alten Wagen, der mit der Pracht, die sogleich im Carport eine Unterkunft finden sollte, nicht mithalten konnte. »Fahren Sie vorsichtig im Ort, da ist die Straße arg kaputt.«

Es scheint so, als hätten Ortschaften wie Köselitz und Cobbelsdorf ihren Zweck und damit ihre Existenzberechtigung verloren. Sie scheinen sich, häufig in bezaubernder Landschaft gelegen, nicht mehr als deren Teil zu verstehen. Ihren ursprünglichen Status als Bauernsiedlung haben sie längst verloren. In den Gartenflächen, die die Häuser und Häuschen umgeben, blüht schon mal ein Forsythienstrauch, weil es in dieser Jahreszeit eben seiner Natur entspricht, Frühlingsblumen, die eigens gesetzt, Sträucher, die gepflanzt werden müßten, suchen wir vergebens, ansonsten scheint die Flora mehr in Schach gehalten zu werden durch Lieblosigkeit und allerlei Gerümpel, das seinen Platz beansprucht, und durch die Erkenntnis, daß die Gestaltung von Natur nun eben nicht zur Aufgabe der Dorfbewohner gehört. Deren Blick auf die Natur hatte sich über die Jahre offenbar auf die kasernengleich aufgestellten Agrargenossenschaften verengt, zu denen die ehemaligen LPGs in Windeseile und mit erheblichem juristischen Nachhall mutiert waren.

Dann und wann kann man sie von der Straße aus erkennen. Geradezu furchterregend haben sie sich weitab jeder menschlichen Behausung in die Landschaft gesetzt. Aus der Nähe betrachtet geben sie den Blick frei auf trostlose graue Stallungen, die nicht enden wollen, auf nie zuvor gesehene Silageberge und die verrostende Maschinerie der Fütterungsmechanik. Die Entfremdung von der Natur ist unübersehbar, und so halten es wohl auch ihre Betreiber. Die Kulturlosigkeit ihrer Arbeitsplätze übertragen sie auf ihre eigenen Lebensumstände, auf die kleinen Orte, in denen sie leben, und erweisen sich damit als Statthalter des verlotterten Rückschritts. So ist es keine Seltenheit, daß in einem dieser dorfähnlichen Gebilde, wie etwa Köselitz, gegenüber der verfallenen und unbewohnten Häuserzeile aus alter Zeit vergammelnde Plattenbauten stehen, die über in den Sand gelegte, ungefügte Betonrampen zu erreichen sind, denen man unschwer ansieht, daß sie aus derselben Fabrikation stammen, die schon der »Mauer« zu ihrem technischen Ruhm verholfen hat.

Bei der Fahrt durch westdeutsche Dörfer gerät der sich aufgeklärt wähnende Großstädter häufig in amüsiertes Lächeln, wenn er sieht, wie Dorfbewohner mit unbedingtem Gestaltungswillen aufgeschnittene Autoreifen, weiß getüncht, in die Form eines Schwans zu bringen verstehen, der dann in kurzgeschnittenem Rasen thront und die akkurat angelegten blühenden Rabatten bewacht, oder daß Räder alter Rungenwagen, ausgediente Schubkarren und Milchkannen zu Blumenstellagen werden. Solche possierliche »Bricolage«, wie Claude Levi-Strauss, der französische Kulturanthropologe, das genannt hat, haben wir in Sachsen-Anhalt in den dorfähnlichen Ansiedlungen nicht gefunden und eine bäuerliche Kultur schon gleich gar nicht. Hier konnte von einer blühenden Landschaft nicht die Rede sein.

Dem klassischen Dorf wird oft die dichte soziale Nähe vorgehalten, die verhindert, daß ein Nachbar ganz und gar gegen Sitten und Gebräuche verstößt und sein Anwesen verkommen läßt. Andererseits sorgt solche Dorfgemeinschaft aber auch dafür, daß dem einzelnen ohne viel Aufhebens in einer Notsituation von allen anderen geholfen wird. Diese arbeitspraktische Solidarität, im Westen Deutschlands üblich, gibt es hier augenscheinlich nicht und hat es allem Widerspruch zum Trotz wohl auch in der alten Deutschen Demokratischen Republik nicht gegeben. Aber es gibt auch das andere nicht: Wenn im Westen manchmal bedauernd von Agrarindustrie die Rede ist, die nicht mehr die romantischen Bedürfnisse der Städter erfüllen könne, weil eben alles kalkuliert und auf Effizienz getrimmt sei, so lassen sich im

Westen doch mitunter bewundernswert klug eingerichtete Betriebsabläufe erkennen, die schließlich technische und ästhestische Eleganz besitzen. Aber solche lassen sich in dieser schönen Landschaft nicht erkennen. Aber wie denn auch – sobald »Junkerland« erst einmal in die Hände von realsozialistischen Betreibern gefallen ist, ob sie nun LPG oder GmbH heißen, ist es mit Pflege und Ästhetik allem Anschein nach schnell vorbei. Gewaltige Subventionen winken für die »Roten Barone«, die ihre vormaligen Genossen allzu häufig mit schäbigen Ausgleichszahlungen aus den Pfründen der neuen Republik abserviert haben.

Dabei liegt ein historisches Beispiel in unmittelbarer Nähe. Wörlitz hat eine wunderschöne, weltberühmte Parkanlage, von der man wünschen möchte, sie möge doch ein wenig auf ihre Umgebung ausstrahlen und die Menschen ermuntern, ihre Natur zu pflegen. Während die Vergangenheit noch darauf wartet, mit Rat gehört zu werden, entdekken wir in einer mit Kopfsteinpflaster belegten holprigen Stichstraße, die auf den Park zuführt und an ihm endet, die neue Zeit des Aufbruchs: Ein wagemutiger Unternehmer hat einen Coca-Cola-Automaten an die Wand eines uralten Hauses gehängt. Wer will, kann hier rund um die Uhr eine Dose Coke aus dem Automaten ziehen. Wir haben es getan.

Auf dem Weg nach Wittenberg werben einige Parteien um Stimmen für die Landtagswahl in Sachsen-Anhalt. An den Pfählen der typischen DDR-Bogenlampen hängen die Plakate. Vor einem zusammengebrochenen Haus plädiert eine ehemalige Brigadeleiterin der Deutschen Demokratischen Republik im Namen der PDS für soziale Gerechtigkeit und Arbeit. Das paßt gut. Die Republikaner gehen ein Stück weiter und empfehlen sich mit der Parole: »Arbeit für Deutsche«. Das ist schön national und auch ein bißchen ausländerfeindlich gedacht, aber vor allem ein wenig biedersinnig angesichts der seit etwa 50 Jahren nach ostdeutscher Arbeitstätigkeit geradezu schreienden Bedürftigkeit der maroden Umgebung. Man hätte zurückrufen mögen: Na, dann legt doch mal los, ihr Ostdeutschen, fangt schon mal mit eurer Behausung an, dann nehmt euch den Garten vor und bringt den Zaun in Ordnung. Wie wär's mit den Rabatten rund ums Rathaus, was ist mit der Müllhalde am Ortseingang? Aber die Ostdeutschen lassen sich nicht blicken, die Orte sind menschenleer, der nationalbolschewistische Mensch, wie er sich manchmal hintersinnig nennt, sitzt hinter seinem Satellitenempfänger, den man durch die trüben Scheiben flackern sieht. Da ist niemand, der bei schönstem Wetter, auf eine Harke oder eine Schaufel gestützt, neugierig die Fremden beäugt.

Auf solche Umständlichkeiten läßt sich die DVU erst gar nicht ein. Zwar verkündet auch sie pausbäckig, Deutsche sollten arbeiten und nicht Ausländer, bei einer Arbeitslosenquote von über 25 Prozent und einer Ausländerquote von weniger als 2 Prozent ein rechter Scherz. Die DVU ist aber der Realität der ehemaligen Deutschen Demokratischen Republik – dabei der PDS zum Verwechseln ähnlich – näher als die Kameraden der Republikaner. Sie hat das Problem der ostdeutschen Arbeitsmisere nach neun Jahren Einheit im Griff: »Weniger Geld ins Ausland, mehr Geld für Sachsen-Anhalt«, plakatiert sie. Und so ist es ja auch richtig: Warum umständlich selbst den Wiederaufbau betreiben, der im Osten eh kaum für nötig gehalten wird, wenn dies mit Westgeld auch andere machen können? Mit mehr Geld kann man mehr Arbeitskräfte kaufen. Sozialhilfe, Arbeitslosenhilfe und Arbeitslosenunterstützung bleiben im Lande, und das bißchen Lohn der ausländischen Arbeiter fällt kaum ins Gewicht.

Und siehe da, als wir in Wittenberg ankommen, am späten Sonnabendnachmittag – alle Geschäfte sind schon vor der gesetzlich verordneten Zeit geschlossen –, treffen wir auf eine Kolonne von zwölf polnischen Steinsetzern, die den

Wittenbergern einen hübschen kleinen Platz nach altem Muster pflastern.

»Ja«, sagen die Polen mit Stolz in der Stimme, »so ist es ebben, viel Arbeit, gutter Lohn, auch Sammstach, Sonntach, immer, wird es nicht ein scheener Platz?« Angst vor den Deutschen hätten sie nicht, sie würden schon aufpassen, wenn sie nachts in ihren Bauwagen übernachten, die Deutschen seien gut und hätten viel Geld, nur ein schönes Pflaster könnten sie nicht machen, »dann machen wir«.

Die Wittenberger, in hohem Umfang arbeitslos, sitzen derweilen in italienischen Eiscafés auf dem Marktplatz und löffeln Bananensplit. Nicht daß sie die armen Malocher aus Polen direkt belächeln würden, nicht daß sie wirklich interessiert wären, was da eigentlich vor sich geht, aber immerhin merkt man ihnen an, wie froh sie sind, nicht auf dem eigenen Marktplatz knien und Steine klopfen zu müssen. Das ist doch schon mal was.

Also kann man sagen, die Wittenberger sind genauso im Westen angekommen wie ihre vom Winde verwehten ehemaligen polnischen Genossen – was dem einen seine Arbeitslosenhilfe oder Sozialgeld sein mag, ist dem anderen hochwillkommenes Einkommen für handwerklich exzellente Arbeit. Eben mehr Geld für Sachsen-Anhalt!

Hätte Martin Luther, der Ablaßzahlungen sehr kritisch gegenüberstand, diese Eisdielenbesucher erlebt, er hätte sie womöglich, wie ehedem Jesus die Wechsler von den Tempelstufen, vertrieben, denn er hatte für seine Zeit einen vergleichsweise modernen und reformatorischen Arbeitsbegriff, der auf Bewährung im Diesseits zielte. Aber mit solchen Analogien kommt man in Wittenberg so weit wie in den übrigen neuen Ländern.

Am nächsten Tag lesen wir in der örtlichen Zeitung, eine spanische Baukolonne sei von jungen Leuten aus Sachsen-Anhalt blutig zusammengeschlagen worden, und die Andalusier wollten nun mit Mann und schwerem Gerät wieder zurück nach Hause, sie hätten die Nase voll. Da wurden schon wieder Arbeitsplätze frei, aber wer sollte sie besetzen? Wittenberger etwa?

Die Wittenberger haben einen Lukas-Cranach-Hof, der jeden Augenblick zusammenzustürzen schien. Dieser Hof wird als Kulturstätte vorgeführt und erläutert und hätte doch nichts mehr nötig als ein wenig kulturelle Praxis, sprich Mörtel, Farbe und Zuwendung. Ein Raum immerhin ist restauriert worden. Wir erfahren, daß es englische und russische Studenten waren, die hier Hand anlegten.

Wer also – wie wir – gedacht hatte, nach 40 Jahren Sozialismus und fast 10 Jahren Demokratie würden die Helden der »Revolution« von 1989 und in deren Zug vielleicht die Wittenberger selbst die Kelle in die Hand nehmen und Lukas Cranach endlich ihre Reverenz erweisen, sieht sich getäuscht. Nein, die Wittenberger werden es nicht tun – mehr als vierzig Jahre Tiefschlaf stehen ihrem Erwachen entgegen.

Gegenüber der Schloßkirche, einem geschichtlichen Ort von weltprägender Bedeutung, an dem Luther immerhin die 95 Thesen angeschlagen hatte, steht ein ganzes Karree von Ruinen alter bürgerlicher Wohnhäuser. Nicht etwa im Zweiten Weltkrieg wurden sie zerstört, nein, es sind die Verwahrlosungsruinen des Arbeiter- und Bauernstaates nebst zwei hoffnungslos verfallenen DDR-Flachbauten mit dem Charme von Grenzübergangsstellen. Wie tapfer müssen diejenigen gewesen sein, die wenigstens die Kirche erhalten hatten.

Aber immerhin, es tut sich was: Schräg gegenüber sind teilweise die Fenster im Erdgeschoß frisch zugemauert oder mit Brettern vernagelt. Es hat fast den Anschein, als könne der Aufbau Ost jeden Moment beginnen, wenn nur der Geist des real existierenden Sozialismus auszusperren oder mehr Polen für billiges Geld einzusetzen wären.

Die Wittenberger sind schon ein tolles Völkchen. Wenn

ihnen vierzig Jahre genügt haben, ihr Gemeinwesen bei vollem Bewußtsein durch Nichtstun in den Ruin fallen zu lassen, wenn zehn Jahre bei allgemeinem Wehklagen über die abnorme Arbeitslosigkeit nur in Einzelfällen zum Wiederaufbau beitragen konnte, wie lange mag es wohl noch dauern, bis diese Stadt wieder aussieht wie eine Stadt, die auf ihre Bedeutung in der abendländischen Geschichte Wert legt?

In Wittenberg gibt es einen Pfarrer, der sich damals in der Bürgerrechtsbewegung gegen die Regierung der Deutschen Demokratischen Republik Verdienste erworben hat und inzwischen zu den Notablen der neuen Republik gehört, wie das bekanntermaßen Pfarrern leicht passieren kann: Friedrich Schorlemmer. »Der Osten ist selbstbewußter geworden und will sich – endlich! – erkennbar zu Wort melden, statt seine Lebens-, Verhaltens- und Denkverhältnisse immer weiter dem Westen anzugleichen.« Dies verkündete Friedrich Schorlemmer nach der Bundestagswahl im September 1998 im vormaligen Zentralorgan der SED, *Neues Deutschland*. Er kommentierte damit den beeindruckenden Wahlerfolg der PDS und das Debakel der CDU in den östlichen Landesteilen.

Wir hingegen waren in den letzten zehn Jahren, geschweige denn davor, niemals mit schwächlichem Selbstbewußtsein der Ostdeutschen konfrontiert gewesen. Noch jedesmal haben uns die undurchschaubaren Bankrotteure den Schneid abgekauft. Daher fragt man sich, wie in einem Angstreflex gefangen: Wird Wittenberg schließlich angesichts der noch einmal erstarkenden ostdeutschen Lebens-, Verhaltens- und Denkverhältnisse nun doch noch restlos vermodern?

Aber so weit sind wir noch gar nicht auf unserer Reise durch die Aufbruchsregion der neuen Länder, dennoch ist diese Frage insofern ein Vorgriff, als wir zunächst noch die ein halbes Jahr zuvor stattfindende Landtagswahl in Sachsen-Anhalt zu streifen haben, bei der sich der Osten ebenfalls schon selbstbewußt zu Wort gemeldet hatte.

15. Wahlforschungen in Ost und West

Zwei Wochen nach unserem Besuch haben die Wähler in Sachsen-Anhalt im April 1998 ihre Stimme abgegeben: Die CDU verzeichnet herbe Verluste, die SPD minimale Gewinne, die Grünen und die FDP bleiben unter 5 Prozent, die PDS verliert ein halbes Prozent, und angeblich völlig überraschend – wieder einmal haben die Wahlprognostiker die Lage in der ehemaligen Deutschen Demokratischen Republik völlig falsch eingeschätzt – zieht die DVU aus dem Stand mit fast 13 Prozent in den Magdeburger Landtag ein.

Wie tiefgreifend das Unverständnis im Hinblick auf die Unterschiedlichkeit der Bewußtseinsbildungen in Ost und West ist, wird immer dann besonders deutlich, wenn professionelle Wahlforscher mit ihren Prognosen katastrophal an der Ost-Wirklichkeit scheitern. Gleichzeitig wirft dies aber auch ein bezeichnendes Licht auf die Schwierigkeit, Bewußtseinslagen zutreffend zu deuten. Im Westen liegen die Prognosen mit einer Toleranzschwelle von ca. 1 % deswegen so nah am tatsächlichen Wahlergebnis, weil über Jahre und Jahrzehnte die Fragestimuli immer wieder neu geeicht werden konnten, bis sich ein zufriedenstellendes Passungsverhältnis zwischen Frageformulierung und Antwortmöglichkeit herausstellte. Es ist nämlich keineswegs so, daß die Fragen immer so verstanden werden, wie sie gemeint sind, und für die Antworten gilt das gleiche. An den massiven Fehlprognosen seit 1990 läßt sich also ohne Schwierigkeiten ablesen, daß die westdeutschen Wahlforscher längst noch nicht wissen, was sie im Osten eigentlich messen, wenn sie das Wahlverhalten zu erforschen versuchen. Sie sitzen wegen ihrer im Westen erworbenen Erfahrungen folgendem Trugschluß auf: Da die Wähler im Osten ihre Fragen auf deutsch beantworten, haben sie sie auch so verstanden, wie ein Westdeutscher sie verstanden hätte. Umgekehrt halten sie die Ost-Antworten als solche naiverweise für mißverständnisfrei und übersehen dabei, daß Antworten immer Ergebnisse von komplexen Deutungsmustern sind, die ihrerseits an vielschichtigen Werten orientiert sind.

Stellte man beispielsweise in Ost und West die Frage: »Sind Sie für Demokratie?« und erhielte beide Male die Antwort: »Ja«, so könnte doch fundamental Verschiedenes gemeint sein, da die landläufigen Demokratievorstellungen in Ost und West weit auseinanderklaffen. Wie und in welchem Ausmaß, kann nur soziologische Grundlagenforschung ermitteln. Ich habe dazu das eine oder andere kleine Beispiel zu geben versucht. Wenn jedoch Wahlforscher als Sozialwissenschaftler ernsthaft darangehen, die ostdeutsche Wirklichkeit mit westlichen Forschungsfragen einzufangen, zeigt dies, wie wenig sich selbst diese Experten darüber im klaren sind, mit welcher *terra incognita* sie konfrontiert sind. Wie kann man das dann von anderen, Politikern, Journalisten, Intellektuellen oder gar dem Mann auf der Straße erwarten? Deswegen muß man es wohl so formulieren: Der Kampf um die Einführung der Demokratie und Rechtsstaatlichkeit in Ostdeutschland muß erst noch begonnen werden.

Abends sitzen im Fernsehen verschiedentlich in traulichen Runden die Spitzenpolitiker der SPD, der PDS, der CDU, der FDP und der Grünen zusammen und räsonnieren, wie schrecklich und unbegreiflich der plötzliche Aufstieg der Rechten sei. Das wäre weiter nicht bemerkenswert – im Klagen über die Rechten, die Faschisten, treffen sich Ost und West, und das hat in Gesamtdeutschland hohen rituellen Wert –, wenn nicht im Kreis der Besorgten auch immer die Vertreter der PDS gesessen hätten, zumeist enttarnte

Mitarbeiter des Staatsicherheitsdienstes der DDR, oft mit der bekannten finsteren Miene, manchmal auch progressiv heiter, die ihre Mitarbeit zur Lösung dieses Problems angeboten hätten. Das ist aus mindestens zwei Gründen erstaunlich: Zum einen fragt man sich immer wieder, mit welcher Chuzpe diese vormaligen SED-Funktionsträger, die nicht nur das Desaster der Deutschen Demokratischen Republik politisch zu verantworten haben, sondern auch jede abweichende Meinung in ihrem Land unterdrückt hatten, sich den Medien und der Politik als Hüter eben der Demokratie andienen, die sie lebenslang bekämpft haben und ab jetzt »verändern« wollen. Zum anderen scheint es erklärungsbedürftig, daß demokratische Politiker vergessen haben sollten, welche Funktionsträger der PDS in der Bundesrepublik Unterschlupf suchen und finden. Eine demokratisch legitimierte Wahl als solche kann kaum ausreichen, die politische Auseinandersetzung mit Funktionsträgern einer diktatorischen Gesellschaft nicht erneut zu suchen.

Sie sind Funktionsträger einer Gesellschaft, die niemals für die Resultate ihres Handelns oder Nichthandelns einstehen mußten, die sich immer auf die Staatsführung der Deutschen Demokratischen Republik herausreden konnten, sich von ihr versorgen und salben ließen bis zuletzt. Einer Gesellschaft aber auch, in der sich die gegen die westlichen Demokratien militärisch und paramilitärisch Organisierten und Indoktrinierten in einer Größenordnung von fünf Millionen zählen ließen, also etwa einem Drittel der Bevölkerung. Einer Gesellschaft, die nicht nur den Westen Mores lehren wollte, sondern sich nur allzugern an dem Glauben labte, auch dem Ostblock gegenüber die Überlegenheit ihres Deutschseins beweisen zu müssen.

Ich erinnere mich noch voller Schrecken an die Begegnung mit dem Chef eines HO-Kramladens (Thälmannmütze, Lederjoppe) in einer Hannoverschen Kneipe im Jahre 1985. Er mußte wohl wegen unbedingter Staatstreue die

Ausreisegenehmigung erhalten haben. Wir kamen auf die polnische »Solidarnocz« zu sprechen, und bevor wir überhaupt auf deren Wirkung eingehen konnten, hatte er alles heruntergerattert, was er von »Polacken« und anderen hielt. Bei aller proklamierter internationaler Solidarität und allem sozialistischen Austausch waren die Deutschen im Osten das geblieben, was sie bei Kriegsende gewesen waren – eine hoffärtige Bande von Chauvinisten, die ja bekanntlich bis heute glaubt, alles besser machen zu können als der Rest der Welt.

Da hilft auch die westlicherseits gerne entschuldigend benutzte Vokabel der »Abschottung von der Welt« nicht weiter; die DDR-Gemeinschaft durfte sich bis 1989 als Teil einer unermeßlich weiten östlichen Hemisphäre – von der Elbe bis ans Bering-Meer – fühlen, und an organisiertem Kulturaustausch hat es nicht gefehlt. Sie war international eingebunden, die sozialistische Völkerfreundschaft war festes Programm: Sie bejubelte kubanische Schlagersänger und betrachtete mit herzlicher Teilnahme mongolische Volkstänze. Gleichwohl blieben die Bewohner wie die Funktionäre der ehemaligen Deutschen Demokratischen Republik in all ihrer selbstfabrizierten Einfalt eigenständige Deutsche, die noch auf den Halden ihrer Ruinen und ihres Unrats, ihrer verseuchten Umwelt, ihres politisch-moralischen Kollapses unentwegt von der Überlegenheit ihrer Gesellschaft krähten.

Mancher wird sich noch an den so selbstbewußten wie törichten Ausspruch Honeckers erinnern: »Wenn der Nachbar seine Wohnung tapeziert, muß das die Deutsche Demokratische Republik noch lange nicht tun.« Mit dem Nachbarn war selbstredend die Sowjetunion des Glasnost und der Perestroika unter Gorbatschow gemeint.

Die selbstgefällige Behauptung der Eigenständigkeit hatte nicht weit geführt, kennzeichnet jedoch die Gemütslage eines großen Teils der DDR-Bevölkerung bis heute. Der implizite Chauvinismus, den die PDS, wie früher die SED, gegenüber dem Westen und seinen Demokratietraditionen in Anschlag bringt und sich dabei nicht von ungefähr als die wahre politische Vertretung des Ostens geriert, ist nicht so sonderlich verschieden von den Vorstellungen des Parteiführers der DVU, der die DDR-Bevölkerung ausdrücklich für ihre Immunität gegenüber westlichen »amerikanisierten« Wertvorstellungen zu loben weiß. Insofern ist es kein Wunder, daß Parteien, deren vornehmstes Ziel es nicht gerade ist, der Verfassung der Bundesrepublik Deutschland zu dienen, mit Leichtigkeit ein Drittel der Wählerstimmen auf sich vereinen können. Es gibt keinen Verfassungspatriotismus in den neuen Ländern.

Bei der ost-westlich gemeinsam im Fernsehen geäußerten Bestürzung über ein solches Wahlergebnis handelt es sich letztlich um eine gewaltige gesamtdeutsche Heuchelei: Der Westen hat den Beitritt nicht dafür genutzt, um der ihm plötzlich zugewachsenen Bevölkerung klarzumachen, daß sie sich auf einen Kulturschock vorzubereiten habe und daß sie sich ändern müsse. Im Gegenteil, er hat mit seinen umfangreichen Auffangmaßnahmen den Glauben genährt, für die Ostdeutschen könne alles so weitergehen wie bisher. In Ostdeutschland gaben und geben die SED/PDS-Funktionäre vor, ihres totalitären Nachwuchses nicht mehr Herr werden zu können; sie distanzieren sich empört, weil der sich völkisch-faschistoid kostümiert. Dabei haben sie selbst über Jahre hinweg dafür gesorgt, daß er antidemokratisch aufgezogen wurde. Der Hirtenglaube des Westens, mit Billionenüberweisungen ließe sich dieser Kulturkonflikt besänftigen, wurde und wird weiterhin mit solchen Wahlentscheidungen trefflich frustriert.

16. Das Leiden der Ostdeutschen

Im Jahre 1989 brach der Ostblock endgültig zusammen. Einzig ein Land des Ostblocks, die Deutsche Demokratische Republik, wurde im selben Atemzug aufgefangen von der nach Vereinigung strebenden Bundesrepublik. Die Mittel- und Osteuropäischen (MOE-)Staaten wurden und werden solcher Subventionen nicht teilhaftig, sie müssen sich mit mageren Milliardenbeträgen abfinden, woher sie auch immer kommen. Sie sind deshalb in eine rasante Krise gestürzt, die nicht wenige in einen Erfahrungszuwachs ummünzen konnten. Diese Erfahrung des epochalen Scheiterns fehlt der ostdeutschen Bevölkerung völlig. So ist sie die einzige Bevölkerung des Ostblocks, die materiell mit dessen Zusammenbruch keine Einbrüche erlebt hat.

Die von der Ausgangslage her ähnlichen MOE-Staaten haben es da besser, sie müssen für sich selbst klären, wohin sie – mit welchen Anstrengungen – wollen. Können sie, wie die Ungarn, Tschechen und Slowaken oder die Polen, an beharrliche Auseinandersetzungen mit dem Stalinismus und dem Sowjetreich anknüpfen, und wollen sie diese fortführen oder nicht? Ein Freitisch aus dem Westen wird ihnen dabei nicht offeriert, und gerade deswegen scheinen sich wirtschaftlicher und sozialer Erfolg abzuzeichnen. Die notwendigen Anstrengungen für einen EU-Beitritt müssen sie in entscheidendem Ausmaß selbst leisten; sowohl wirtschaftlich als auch politisch sind sie gezwungen, den Nachweis ihrer Beitrittsfähigkeit und -willigkeit zu führen. Auch diese Schritte zu politischer und ökonomischer Reife sind den Ostdeutschen erspart geblieben, da die Bonner Regierung in zähen Verhandlungen mit den Europäischen Gemeinschaften und den Alliierten entsprechende Garantien in Übereinstimmung mit dem Grundgesetz gegeben hat.

Nun ist immer wieder davon die Rede, welche Um- und

Zusammenbrüche die DDR-Bevölkerung seit 1989 zu ertragen gehabt und mit welcher Duldsamkeit sie diese hingenommen habe. Gleichzeitig wird unterstellt, für diese bitteren Erfahrungen sei der Westen verantwortlich. Wie das? Wird nicht regelmäßig vergessen, daß diese Erfahrungen mit den gewaltigsten Transferleistungen der Weltgeschichte vergoldet wurden und werden? Waren die industriellen Ressourcen der Deutschen Demokratischen Republik nicht schon lange vor dem endgültigen Zusammenbruch des Staates völlig hinfällig gewesen? Hatte die Deutsche Demokratische Republik nicht schon bei ihren Lieferungen in den Westen gegen Devisen gravierende Probleme mit der Qualität gehabt? Stellte sie überhaupt konkurrenzfähige Produkte für den Weltmarkt her? Stand sie an ihrem Ende tatsächlich besser da als ihre »Brudervölker«? Gewiß nicht.

Trotz der unerhörten Transferleistungen der alten Bundesrepublik ist die ostdeutsche Bevölkerung noch lange nicht in die Idee und Praxis einer westlichen Völkergemeinschaft hineingewachsen. Genausowenig begreift sie, daß es nun gilt, Demokratie und Arbeit in der erweiterten Bundesrepublik zu lernen. Den MOE-Staaten bleibt nichts anderes übrig, als sich mühevoll auf den westeuropäischen Stand der gesellschaftlichen und ökonomischen Rationalisierung zuzubewegen, denn es gibt nirgendwo eine ernsthafte Alternative zur zivilisatorischen Form der westlichen Demokratien und Arbeitsgesellschaften. Der Beitritt der Deutschen Demokratischen Republik zur Bundesrepublik hingegen zeitigte bizarre Ergebnisse.

Wegen der formalen Rechtseinheit schienen die neuen Bundesländer quasi über Nacht Bestandteil einer demokratisch verfaßten industriellen Gesellschaft geworden zu sein. Doch fehlt es ihnen an einer hinreichend demokratisch sozialisierten Bevölkerung und an einer industriellen Infrastruktur. Diesen Befund teilt Ostdeutschland mit den MOE-Staaten. Aber anders als diese wurden die Ostdeutschen zu Teilhabern an dem ausgebauten zivilisatorischen Netz der Bundesrepublik, ohne am Knüpfen dieses Netzes beteiligt gewesen zu sein und ohne es in seiner Substanz verstehen zu können.

Dieser Zusammenhang wird in der öffentlichen Diskussion zumeist als »Überstülpen«, »Anschluß«, »Kolonialisierung« oder ähnliches beklagt. Solchen Zuschreibungen haftet der Ruch des Illegitimen an; insbesondere Meinungseliten aus dem Osten weisen gerne auf die »illegitime« Machtausübung der westlichen Demokratie gegenüber Ostdeutschland hin. Dem entspricht die massive Wiederentdeckung und Bekräftigung der Werte und Weltinterpretationen, die mit der Deutschen Demokratischen Republik keineswegs untergegangen sind.

Daraus ergibt sich folgende Eigentümlichkeit: Der gesamte ehemalige Ostblock ist intellektuell, praktisch, materiell und politisch folgenschwer gescheitert und hat seither nichts anderes zu tun, als Wege aus dem Morast zu suchen, Diskursfähigkeit zu erproben, demokratische Rechtsnormen zu entwickeln und innenpolitische Spannungen in Richtung auf westliche Zivilisation hin aufzulösen. Zugleich existiert der außenpolitische Druck, in der Integrationsbereitschaft nur nicht nachzulassen, wenn die internationalen Hilfen nicht ausbleiben sollen. Eine vorgegebene Richtung der gesellschaftlichen Entwicklung, die in der öffentlichen Meinung möglicherweise etwas vorschnell bereits als »unumkehrbar« klassifiziert wird. So stehen gesellschaftliche wie auch mentale Strukturen notwendigerweise vor der Aufgabe, zu westlichen Standards der Zivilisation aufzuschließen.

Die politischen Eliten der MOE-Länder, die in der Regel in ihren Heimatländern politisch zu realsozialistischen Funktionsträgern sozialisiert wurden, stehen folglich unter erheblichem Druck, umzulernen, umzudenken und sich zu verändern, wenn sie für ihre Länder Wege in die demokratische Gesellschaft bahnen wollen.

Ausgerechnet in Ostdeutschland, wo durch den Beitritt

alle formalen Bedingungen einer rechtsstaatlichen Demokratie mit einem Federstrich übernommen wurden, entwikkelt sich im Schutze der freiheitlichen Demokratie eine gegenläufige Entwicklung: mentale Strukturen, die ihren Ursprung in der SED-Diktatur haben, werden gepflegt und reklamieren einen ausdrücklichen Bestandsschutz für diese gescheiterten Deutungsmuster und Werte im Westen. Die »politischen Eliten« der DDR – wenn dieser Ausdruck für die Bankrotteure des alten Systems überhaupt erlaubt ist – betreiben dieses Ziel ganz offen restaurativ, und ihre Programmatik läßt sich kaum anders lesen, als wollten sie ihren zusammengeklappten Realsozialismus mit dem Geld aus dem kapitalistischen Westen wieder aufstellen. Aber auch die Vertreter von SPD und CDU haben deutliche Schwierigkeiten, die Abkehr vom Gestern zu meistern, oder wollen sie möglicherweise auch nicht meistern. Ob es sich dabei um den Ministerpräsidenten von Sachsen-Anhalt (SPD) handelt, der sich von der PDS tolerieren läßt, oder ob der sächsische Justizminister (CDU) diese Unsäglichkeit nicht zum Thema der politischen Auseinandersetzung machen möchte, weil dergleichen im Osten verheerende Folgen haben würde. Mit dem Hinweis darauf, daß im Osten die Uhren anders tickten als im Westen, wird derlei als unerheblich abgetan.

Überraschend ist das deswegen nicht, weil die DDR-Bevölkerung die Erfahrung des Scheiterns und des Verschuldens in letzter Konsequenz nicht machen mußte, da sie sich in buchstäblich letzter Sekunde auf die Seite der Bundesrepublik schlug (»Wir sind ein Volk«). Was die formalen Aspekte des Übergangs zur Demokratie betrifft, kann sie sich als müheloser Gewinner des Zusammenbruchs des Sowjetreiches verstehen. Da aber die reaktionäre Gesinnung nicht an der Garderobe abgegeben wurde, werden gleichwohl die dennoch notwendigen mentalen Umstellungen auf das neue Rechts- und Wirtschaftssystem als Zumutung verstanden, denen man sich nicht zu beugen habe, sondern denen man im Gegenteil die Stirn bieten müsse, um all das zu erhalten, was zum Untergang der Deutschen Demokratischen Republik geführt hat.

Es ist eine bittere Ironie der deutschen Nachkriegsgeschichte, daß die Ostdeutschen, die sich ihrer Verstricktheit im Hitlerfaschismus per Dekret entledigt hatten, sich nun intellektuell der Verantwortung für die 40 Jahre DDR-Diktatur auch zu entziehen vermögen und obendrein noch deren Gesinnungsinhalte in die neue Bundesrepublik exportieren.

Diese Argumentationsfigur ist durchgängig in Ostdeutschland zu beobachten. Das fängt bei der PDS an, die zuletzt auf ihrem Rostocker Parteitag 1998 ein Vetorecht für die ostdeutschen Länder durchzusetzen beschloß, und hat mit Macht die SPD ergriffen, die in Mecklenburg-Vorpommern mit der PDS koaliert, so als gelte es, an die guten Erfahrungen des Zusammenschlusses von KPD und SPD zur SED im Jahre 1946 anzuknüpfen. So erklärte die Brandenburgische Ministerin Hildebrandt, derzeit einem reinen SPD-Kabinett angehörend, ohne jede Not: »Mit der PDS lassen sich sozialdemokratische Positionen besser durchsetzen«, wohl in dem erschreckenden Irrtum befangen, ein DDR-Regime ohne Terror käme dem sozialdemokratischen Ideal nahe. Und es hört bei der ehemaligen Blockpartei CDU noch nicht auf, die sich selbst bezichtigt, den ostdeutschen Wähler nicht ausreichend zu hätscheln und ihm nicht genug Gehör im Westen zu verschaffen. Die ostdeutschen Lebenserfahrungen seien zu kostbar, als daß sie nicht in die westlichen Demokratien eingebaut werden müßten, tönt es landauf, landab.

Spiegelverkehrt verhält es sich auf westlicher Seite: Der Optimismus, daß sich schon alles finden werde und die westlichen Qualitäten schon längst übernommen worden seien oder kurz davor stünden, mischt sich mit der impliziten Ignoranz, die die massenhaft abweichende Mentalität und Skepsis gegenüber der Demokratie als ornamentales Relikt versteht.

Komplettiert wird diese Blauäugigkeit mit einer im Westen nach wie vor verbreiteten mitleidigen Grundhaltung gegenüber den »Brüdern und Schwestern aus der Zone«, die schon in den 40 Jahren der Trennung tragendes Element der demokratischen Selbstvergewisserung war, lebte Westdeutschland doch unter der von den Westalliierten oktroyierten Demokratie, Ostdeutschland hingegen unter dem sowjetischen Joch. Dazu kommt die typisch westliche Toleranz gegenüber Andersdenkenden und als Minderheit Erkannten, die sich bisweilen mit mehr oder minder fundierten oder nur modischen Kritiken am Kapitalismus paart.

So hieß es auch nach der Wahl in Sachsen-Anhalt, die Stimmen für die DVU seien die Stimmen eines aus Enttäuschung letztlich berechtigten Protestes. Auch nach den Wahlen in Mecklenburg-Vorpommern und im Bund vergaß man nicht zu erwähnen, daß auch die Stimmen für die PDS diesen Charakter trügen. Alles zusammen bildet keine besonders tragfähige Grundlage, um sich mit den Defiziten an demokratischem Handeln im Osten offensiv auseinanderzusetzen, sondern ist vielmehr geeignet, Demokratie weiterhin als Füllhorn für Wohltaten zu stilisieren. Sie selbst aber ist die Wohltat.

17. Ende der Schonzeit?

Ein Vergleich des Schicksals der ehemaligen Deutschen Demokratischen Republik mit der Entwicklung der Bundesrepublik Deutschland nach dem Ende des Zweiten Weltkriegs drängt sich geradezu auf. Die Bundesrepublik als Rechtsnachfolger des Deutschen Reiches unterlag weithin einer internationalen politischen und moralischen Ächtung. Die zwölf Jahre des Hitlerfaschismus mit ihren kolossalen Verbrechen waren eine Bürde, deren Bearbeitung sich die Masse der Westdeutschen zunächst durch Verdrängung und unbedingten Fleiß entzogen hatte. Dies wiederum war die Grundlage des »Wirtschaftswunders«. Die damals so genannte »Vergangenheitsbewältigung« wurde gleichzeitig von hervorragenden Intellektuellen fundamentiert – man denke an Karl Jaspers und sein 1946 erschienenes Buch *Die Schuldfrage*, man denke an die »Frankfurter Schule« um Max Horkheimer und Theodor W. Adorno, man denke an Hannah Arendt und Margarete und Alexander Mitscherlich; all das hielt die noch junge Republik in Atem. Diese intensive intellektuelle Auseinandersetzung mit dem Dritten Reich wurde forciert durch die Studentenrevolte in den ausgehenden 60er Jahren. Damals hat sich die betroffene Elterngeneration einiges vorhalten lassen müssen: Ihre enormen Nachkriegsleistungen gerieten dabei zuweilen aus dem Blick, wenn sie nicht gar zum Vorwurf der fehlenden Schuldeinsicht wurden. Gleichwohl, die Leistungen sind unbestreitbar, und noch heute zehren die nachwachsenden Generationen davon und seit zehn Jahren auch die ehemalige Deutsche Demokratische Republik. Es ist gewiß nicht unbillig nachzufragen, warum sich die Bevölkerung Ostdeutschlands nicht zu einer ähnlichen kollektiven Anstrengung aufraffen kann. Dafür lassen sich eine Reihe von Begründungen finden.

Zwar ist die Ausgangslage, nämlich ein durch eigenes Verschulden verwüstetes oder heruntergewirtschaftetes Land, durchaus gegeben. Die Frage aber nach der Beteiligung oder gar nach dem Verschulden stellt sich im Osten nicht – und das ist wohl wirklich eine Systemwirkung –, weil die fortdauernde Ideologie der moralischen und praktischen Überlegenheit des realen Sozialismus solches nicht vorsieht. Anders als die Westdeutschen nach dem Krieg, denen der erste Bundespräsident Heuss ermunternd zurief, es gebe keine »Kollektivschuld«, wohl aber eine »Kollektivscham«, die in weitem Rahmen zunächst durch Leistung zu kompensieren gesucht wurde, blieben den Ostdeutschen entsprechende Regungen fremd.

Die zahllosen Verbrechen wider die Menschlichkeit, die Brutalität, mit der Biographien zertreten wurden, der fortwährende Strom von Niederträchtigkeiten gegenüber den eigenen Landsleuten und deren Familienangehörigen im Westen, der sich rapide entwickelnde Attentismus, der das Land verkommen ließ und der jetzt lebenden und wohl auch den folgenden Generationen enorme Lasten aufbürdet, diese Addition des Grauens führt im Osten keineswegs zu Scham und dem Willen zur Wiedergutmachung. Die Ideologie erweist sich immer noch als stark genug, in der Zerrüttung zivilisatorischer Deutungsbestände Fremdverschulden durch den Kapitalismus zu erkennen, soweit es um die wirtschaftliche Rückständigkeit geht. Davon kündet die in ungezählten Gesprächen wiederholte Rede, daß westliche Konzerne sich ostdeutscher Produkte zu Lebzeiten der Deutschen Demokratischen Republik zu Schleuderpreisen bemächtigt hätten. Das Kohlsche Motto, die Ostdeutschen seien ebenso fleißig gewesen wie ihre Landsleute im Westen und lediglich von einem verbrecherischen Regime um die Früchte ihrer Arbeit gebracht worden, erfährt aus dieser Blickrichtung einen überraschenden Bedeutungswandel. Wir im Westen waren es.

Zumeist wird aber der allgegenwärtige Zerfall inzwischen überhaupt geleugnet, und die ideologische Verbissenheit in den ehemaligen Gegner Westdeutschland packt wieder kräftiger zu.

Dafür steht die mit steigender Arbeitslosigkeit wachsende Überzeugung, zur Beute eines westdeutschen Kapitalismus geworden zu sein, der die Kombinate zerschlug, um sich lästiger Konkurrenz zu entledigen. Dieser Gedankengang versteht vom Kapitalismus so gut wie gar nichts. Ein anderer – er wird nach zehn Jahren der deutschen Einigung immer häufiger geäußert – will die Deutsche Demokratische Republik nachträglich zu einer Arbeitsgesellschaft stilisieren, die das Bewußtsein ihrer Bürger über Arbeit geprägt habe. Solche Vermutungen übersehen eben das Entscheidende: Der Rahmen, in dem im Arbeiter- und Bauernparadies Arbeit stattfand, war Bestandteil der ideologischen Täuschung und Selbsttäuschung selbst – es handelte sich nämlich um Beschäftigung. Arbeit entwickelte sich zu einer bloßen sozialen Veranstaltung, die Arbeitsergebnisse verloren Zug um Zug an Bedeutung.

Die Schätzungen des Anteils verdeckter Arbeitslosigkeit in der ehemaligen Deutschen Demokratischen Republik liegen zwischen 40 und 15 Prozent. Geht man nur von dem geringeren Wert aus, hätte sich bis heute dieser Anteil in den neuen Bundesländern kaum verändert; legt man höhere Anteile zugrunde, hätte er sich sogar erheblich verbessert. Von der unzureichenden Produktivität der tatsächlich Arbeitenden ist da noch gar nicht die Rede. Die idyllisch gemalte Vollbeschäftigung ist also nichts anderes als das Unterlaufen von rationalen Kriterien effektiver gesamtgesellschaftlicher Arbeit. Seit der Entwicklung der doppelten Buchführung und des entsprechenden Know-hows der Industrialisierung muß sich Lohnarbeit diesen Rationalitätskriterien stellen. Gerade bei Marx stand die Kritik der Rationalität kapitalistischen Wirtschaftens im Dienst der gesellschaftlichen Arbeit. Er hat von Arbeit gesprochen, aber diese Überlegungen scheinen in der Deutschen Demokratischen Republik nie so recht angekommen zu sein. Was heutzutage als Lobpreisung der sozialitätsverbürgenden Arbeit und Arbeitswelt des ostdeutschen Regimes daherkommt, ist in Wahrheit nichts anderes als eine jahrzehntelang betriebene Theateraufführung einer Vollbeschäftigung. Als die letzte Ostmark verspielt war und die Kulissen zusammenbrachen, wurde die Vorstellung abgesetzt – für viele bleibt sie als ein großes Bühnenereignis unvergessen.

Wer solches äußert, setzt sich leicht dem Vorwurf aus, er wolle spalten und die Einheit hintertreiben. Kommt dieser Vorwurf aus dem Osten, ist er leicht als beleidigte Abwehr von Kritik zu verstehen, denn tatsächlich ist es unangenehm, mit den Sünden von Vergangenheit und Gegenwart konfrontiert zu werden, und Kritik als Medium gesellschaftlicher Auseinandersetzung stand nicht eben hoch im Kurs in der Deutschen Demokratischen Republik und hat auch in den neuen Ländern noch heute keinen guten Ruf. Kommt der Vorwurf jedoch aus dem Westen, kennzeichnet er ein heikles Moment bei der Bearbeitung der Einigungsfolgen überhaupt, denn er unterstellt, wir stünden gegenwärtig in einer Situation, in der mehr das Fingerspitzengefühl diplomatischer Finesse zum Gelingen des Ganzen beitragen könnte als der Versuch, sich der empirischen Wahrheit anzunähern.

Tatsächlich legt das Ausmaß des epochalen Wandels es nahe, einmal fünfe gerade sein zu lassen. Die Frage ist nur, über welchen Zeitraum dieses Credo gelten soll. Auf Dauer die Diskussion zu vermeiden würde mit den Prinzipien demokratischer Meinungsbildung kollidieren. Bis die Unterschiede der mentalen Befindlichkeit der Menschen in West- und Ostdeutschland auf westeuropäischem Niveau eingeebnet sind, dürften zwei neue Generationen herangewachsen sein, wobei es darauf ankommt, wie diese Generationen sozialisiert werden können. Theoretisch könnte man sich vorstellen, auf diese Sozialisation keinen Einfluß zu nehmen, alles weiterlaufen zu lassen wie bisher, was mit großer Wahrscheinlichkeit wegen der Verführungskraft der ostdeutschen Lebensweise (Verweigerung von Verantwortung und Pflicht bei hoher Lamentofrequenz) zu einer Ausbreitung des DDR-Syndroms führen würde, die in Ansätzen schon zu beobachten ist. Im westdeutschen Sozialstaat haben sich über die Jahre populationsstarke Schichten herausgebildet, die, im Zuge der deutschen Einigung moralisch und personell erheblich verstärkt, nach der Hängematte des Sozialstaats rufen. Denkbar wäre auch der andere Weg, der in öffentlicher Diskussion das Trauma der Deutschen Demokratischen Republik im ausgehenden zwanzigsten Jahrhundert als viel versprechende und nichts haltende »Schurkenrepublik« aufnimmt.

Nach zehn Jahren Einigung ist gewiß der Zeitpunkt gekommen, die innerdeutsche Debatte aufzunehmen und die Schonzeit zu beenden. Dieser Auffassung scheinen sich auch im Westen nicht gerade viele anschließen zu wollen.

18. Die Einigungsfalle

Ausgerechnet Altbundeskanzler Helmut Schmidt, der zu Beginn der 80er Jahre wegen seiner ständigen Betonung der Werte Fleiß und Disziplin von seinem Parteifreund Oskar Lafontaine gesagt bekam, mit diesen »Sekundärtugenden« sei auch ein Konzentrationslager zu leiten, äußerte sich noch 1998 auf dem SPD-Parteitag in Leipzig mit den Worten: »Jedwede westdeutsche Beckmesserei gegenüber den Landsleuten im Osten ist nur zum Kotzen. Die Bürger der DDR haben fünfmal so lange unter Diktaturen leben müssen wie die Westdeutschen, die nur zwölf Nazijahre ertragen mußten.«

Das waren deutliche Worte – ob sie auch besonders klug waren, steht dahin. Schwerlich wird man Menschen nur deswegen nicht kritisieren dürfen, weil sie unter zwei Diktaturen lebten, wiewohl dies psychologisch für einen begrenzten Zeitraum angemessen sein kann. Nicht bedacht hat Schmidt wohl eine dreifache Bevormundung, die mit seinem Kritikverbot einhergeht.

Einerseits werden die DDR-Bürger in völlig unangemessener Weise hochheilig dargestellt, andererseits werden sie in dem Sinne entmündigt, daß ihnen ein offener Diskurs nicht zugemutet wird – gerade dies haben sie diesem Statement zufolge doch angeblich lange genug erlebt. Drittens wird die erfahrungshaltige Argumentation, für Karl R. Popper – von dem sich Schmidt lange Zeit hatte inspirieren lassen – der Eckstein der offenen Gesellschaft, unversehens ausgeschaltet.

Alltagssprachlich hat sich für diese Kritikabwehr der aus dem Osten kommende Begriff des »Besserwessis« eingebürgert, mit dem die vermeintlich arrogante Kritik der Westdeutschen gemeint ist, die sich – wie sollte es anders sein – in dem sozialen Gefüge, das nun auch die Ostdeutschen übernommen haben, besser auskennen, weil sie darin schon jahrzehntelang mehr oder minder erfolgreich leben. Die moralisch abwertende Disqualifizierung des besseren Wissens geht also völlig daneben. Im Gegenteil, es ist die Grundlage eines Erfahrungstransfers, von dem zu hoffen wäre, er möge schneller und effektiver vonstatten gehen. Die Ostdeutschen müssen wirklich nicht die parlamentarisch-freiheitliche Grundordnung neu erfinden; es wäre schon viel, wenn sie die von ihnen 1989 angestrebte Verfassung in dem ihr wesentlichen Gehalt begreifen und internalisieren würden.

Dieses zu erreichen, wird nicht ohne Kritik abgehen, auch wenn sich empfindsame Seelen im Osten (zwei Diktaturen) wie im Westen (eine Diktatur) aus unterschiedlichen Gründen dagegen sträuben. Die offene Gesellschaft lebt von der Freiheit des Arguments und der ungehinderten Möglichkeit, es kundzutun. Schon mit dieser Möglichkeit ist es bei der Konfrontation mit dem Osten schlecht bestellt, da die Bereitschaft zur praktischen Auseinandersetzung über Motive und Wertbindungen nicht in dem erforderlichen Maße gegeben ist. Die Formel von den »blühenden Landschaften« hatte in westlich-optimistischer Manier die Bedeutung dieser Vorbedingung bei weitem unterschätzt und ist nicht zuletzt deswegen gescheitert. Der gegenwärtig immer lauter werdende Vorwurf des gebrochenen Versprechens und der daraus folgenden massenhaften Enttäuschung, die als Erklärung für die fortbestehende Tatenlosigkeit und Verdrossenheit im Osten herhalten muß, illustriert anschaulich, daß die Bereitstellung eines handlungspraktischen Rahmens noch lange nicht seine praktische Umsetzung bedeuten muß.

In seinem 1993 veröffentlichten Aufsatz »Civilizational Incompetence: The Trap of Post-Communist Societies« (*Zeitschrift für Soziologie*, Jg. 22, Heft 2, April 1993) untersucht der an der Krakauer Universität forschende Soziologe Piotr Sztompka die Gründe, die es den Gesellschaften des Ostblocks so schwer werden lassen, die westliche Zivilisation zu adaptieren.

Er stellt dem westlichen Enthusiasmus nach der Wende eine düstere Bilanz gegenüber, die der tschechische Präsident Vaclav Havel unter dem Titel »Verlorenes Paradies« eröffnete. Havel zählt Sztompka zufolge die ihn bedrückenden Phänomene folgendermaßen auf:

»Haß zwischen Nationen, Mißtrauen, Rassismus, sogar Anzeichen von Faschismus; niederträchtige Demagogie, Intrige, vorsätzliches Lügen, Opportunismus und unverstellter und rücksichtsloser Kampf für rein partikulare Interessen, Machthunger, unverfälschte Begierde, Fanatismus jeder nur denkbaren Art; neue und nie gekannte Formen von Kriminalität, der Aufstieg unterschiedlicher Mafias; ein allgemeiner Mangel an Toleranz, Verständnis, Geschmack, Mäßigung und Vernunft.«

Sztompka, gewiß kein »Besserwessi«, sucht die Erklärung für dieses Debakel nicht bei finsteren überirdischen Mächten, sondern in den Menschen des untergegangenen Ostblocks. »Wir Osteuropäer sind es selbst«, sagt er und stellt fest, daß es bei allen Differenzen im Ostblock – die Deutsche Demokratische Republik war nicht dasselbe wie die Volksrepublik Ungarn, und Polen unterschied sich von der Tschechoslowakei – doch fundamentale Gemeinsamkeiten gibt, die ein ererbtes, bis heute andauerndes kulturelles Syndrom bilden, das die Menschen des früheren Ostblocks miteinander teilen.

In diesem Syndrom erkennt er eine gefährliche Zweischneidigkeit. Einerseits habe es wie mit einem Bumerang-Effekt das realsozialistische Projekt zu Fall gebracht, andererseits steht es der Demokratisierung im Wege. Daher sei es mit der Installation der »harten« institutionellen und organisatorischen Fakten (Ökonomie, Recht, Administration, Technologie) demokratischer Gesellschaften im Osten nicht getan, vielmehr seien die »weichen« Fakten, die das mentale, kulturelle und zivilisatorische Gewebe einer Gesellschaft ausmachen – dies nennt Sztompka »zivilisatorische Kompetenz« –, sehr viel anspruchsvoller und schwieriger zu verankern. Er unterscheidet vier Bereiche, in denen sich die zivilisatorische Kompetenz als ein Satz von zur Gewohnheit gewordenen Regeln, Normen und Werten beweist.

Im wirtschaftlichen Leben geht es um die Bereitschaft zu Innovationen, um Leistungsorientierung, individuelle Konkurrenzfähigkeit und um rationale Kalkulation. In der politischen Sphäre des Gemeinwesens stehen Beteiligung, Interesse an öffentlichen Angelegenheiten, Akzeptanz von Recht und Disziplin sowie Respekt vor Andersdenkenden und Mehrheitsentscheidungen im Vordergrund. Auf der Ebene des intellektuellen Diskurses sind Toleranz, Unvoreingenommenheit, Skepsis und Kritikfähigkeit von Gewicht, und in der Alltagskultur haben Geradlinigkeit, Sauberkeit, Ordentlichkeit, Pünktlichkeit, Körperpflege, Fitneß und basales technisches Verständnis ihre Bedeutung.

Diese Qualifikationen konnte Sztompka bei der Bevölkerung des Ostens nicht entdecken. Statt dessen trifft er auf ein Bündel von Verhaltensweisen, die sich unter dem real existierenden Sozialismus als Handlungsstrukturen durchgesetzt hätten und heute dem Projekt der Zivilisierung nachhaltig entgegenstünden.

Einen wesentlichen Hemmschuh erkennt Sztompka zunächst in der mangelnden lebenspraktischen Unterscheidung zwischen der öffentlichen und der privaten Sphäre. Ähnlich wie seinerzeit Günter Gaus als Vertreter der Bundesrepublik Deutschland in Ostberlin, beobachtet er den Rückzug ins Private, nun allerdings nicht in der Form einer gemütlichen »Nischengesellschaft«, in der die bürgerlichen Tugenden gewissermaßen im verborgenen weiterblühen, sondern in Form einer aggressiven Abkoppelung vom Allgemeinwohl. Regeln und Normen zu unterlaufen, das System zu betrügen und auszubeuten, exzessiver Egoismus, der nach Kräften versucht, sich öffentlich bereitgestellte Güter privat anzueignen und persönliche Vorteile um jeden Preis zu erringen, gelten demnach durchaus als systemimmanente Tugenden, und entsprechend werden die privaten Seilschaften mit ihren Verbindungen und Loyalitäten am Arbeitsplatz und zu Hause idealisiert, während der Staat (das System), der allein für die Verbindung zwischen privater und öffentlicher Wohlfahrt zu sorgen hätte, für alle persönlichen Fehlschläge verantwortlich gemacht wird.

Des weiteren beobachtet Sztompka eine klare Trennung zwischen Nützlichkeitserwägungen und Aufrichtigkeit. Überzeugungen und Loyalität hätten lediglich opportunistischen und instrumentellen Charakter: Sie würden nur so lange aufrechterhalten, wie sie Erfolg zeitigen und Gewinn versprechen. Wahrheit, Treue und Offenheit würden nicht als eigenständige Werte betrachtet. Heuchelei, Zynismus, aber auch Dogmatismus und Intoleranz herrschten in weitem Umfang und vergällten die politische, die intellektuelle und die alltagsweltliche Sphäre bis heute.

Betrachtet man nur diese beiden Dispositionen – Sztompka untersucht und schildert noch weitere –, wird schnell klar, daß es sich aus westlicher Perspektive um asoziales, abweichendes, wenn nicht gar kriminelles Verhalten handelt, das im Osten als normal und erfolgversprechend galt. Der mögliche Einwand, dergleichen ließe sich im Westen ebenso finden, sticht nicht, weil solches Verhalten im Westen nun einmal als abweichend von der Norm sozialen Handelns typisiert ist und in unterschiedlichen Ausprägungen sanktioniert wird. Das heißt keineswegs, daß die Menschen im Westen moralisch überlegen sind, allerdings stehen sie in einer anderen Tradition der Sozialisation, Lebensführung und Aufklärung. Die westliche Zivilisation sanktioniert Verschlagenheit und Niedertracht und honoriert Aufrichtigkeit und Rationalität.

Die »zivilisatorische Inkompetenz«, von der Sztompka spricht, markiert die Abtrennung der kulturellen, moralischen und politischen Deutungsmuster der Bevölkerung der Ostblockstaaten von dem institutionellen, organisatorischen und rechtsadministrativen Geflecht der Lebenspraxis des Westens. Er ist unverhohlen skeptisch, was die Heilung dieses Defizits und die Anpassungsfähigkeit der Menschen dieser Länder angeht. Die psychologischen und verhaltenstheoretischen Implikationen seiner Befunde lassen sich als Strukturbeschreibungen von ostblockspezifischem Common sense lesen. In der nahezu literarischen Qualität, in der Sztompka seine Überlegungen präsentiert, läßt sich strukturanalytisch die Verwerfung erkennen, die den Ostblock von der westlichen Gesellschaft trennt. Er zeichnet das Bild einer durchgegorenen vormodernen gesellschaftlichen Irrationalität, die keineswegs lediglich als Begleiterscheinung eines vergangenen historischen Bebens – der Oktoberrevolution – zu betrachten ist, sondern eine tatsächliche, gesellschaftlich geradezu physikalisch erfaßbare Masse an Überzeugungen repräsentiert, die in ihrer Starrheit der Überwindung harrt.

Sztompka hält keine Lösungsmöglichkeit parat außer

der, den nachwachsenden Generationen den Weg in den Westen und dessen Werte zu weisen. Das ist bei Lichte betrachtet nicht mehr und nicht weniger, als dem Westen eine ungeheure Sozialisationsaufgabe aufzubürden, der er nur gerecht werden kann, wenn er »der Westen« bleibt. Mit anderen Worten: Nur wenn der tolerante und lernwillige Westen den Versuchungen, seine »zivilisatorische Kompetenz« zu relativieren, widersteht, könnte das Abenteuer der Integration der vom osteuropäischen Sozialismus gezeichneten Gesellschaften gelingen. Dazu gehören moralischer Mut und Beharrlichkeit. Auch die deutsche Gesellschaft wird sich der Klärung dieser Frage langfristig nicht entziehen können. Sie zahlt für eine bedingte Konfliktscheu bereits jetzt einen Preis, als hätte sie nach einem verlorenen Krieg Reparationen zu zahlen.

19. Schöne Freiheit!

Um das Kloster Zinna anzusehen, muß man von der Bundesstraße 101 rechts abbiegen. Das Hinweisschild führt in eine kurze Stichstraße, kaum hundert Meter lang, umsäumt von ebenerdigen und einstöckigen Wohnhäuschen, alle renovierungsbedürftig. Es ist ganz ruhig, zwei uralte Frauen unterhalten sich vom Fenster zur Straße.

Eine andere Frau, stattlich, so um die fünfzig, beobachtet uns Touristen aufmerksam von ihrem Fensterplatz aus, während ich herumlaufe und fotografiere. Auf dem Weg zum Kloster spreche ich sie an und frage, wie es denn nun sei. Sie hat diese saloppe Frage sofort verstanden, schien nachgerade darauf gewartet zu haben, um uns West-Touristen die gegenwärtigen Zeitläufte zu erklären und wie man mit ihnen zurechtkommt.

»Na, beschissen«, antwortet sie ganz aufgeräumt, es sei genau so gekommen, wie man es hätte wissen können, Karl-Eduard von Schnitzler habe schon recht gehabt. Alle arbeitslos, 70 Frauen hätten in der Plüschfabrik gearbeitet, alle arbeitslos, die LPG (man hatte deren Ruinen zuvor links weit von der Straße aus sehen können) sei noch nicht wieder in Betrieb. Alle, aber auch alle in dem winzigen Ort seien inzwischen arbeitslos, sie kenne jeden einzelnen. »Mein Mann und mein Sohn, sind gerade unterwegs«, fährt sie fort, »sind arbeitslos, ich auch.« Man habe gut zusammengelebt. Es habe Solidarität gegeben, man habe zusammengehalten, niemand habe sich als was Besseres gefühlt als der andere. Dabei blickt sie mich mütterlich streng an, wie eine Amtsrichterin, die einem Delinquenten zum Schuldeingeständnis rät. Es ist früher Abend, und einige Bewohner der kleinen Straße kehren aus der Ferne zurück. Ab und zu grüßt sie einen Nachbarn, der aus dem Auto Bierkästen, riesige Limonadenflaschen oder tiefgekühlte Fertiggerichte holt, mit einem hoheitlich-jovialen Kopfnicken. Andere gehen schwer bepackt grußlos vorbei und werden nicht gegrüßt.

Die Solidarität sei nun vorbei, von dörflicher Gemeinschaft könne keine Rede mehr sein. »Ich kann diese Menschen nicht mehr verstehen. Sie sind so verändert, jeder denkt nur noch an sich selbst.« Dann sagt sie mit gedämpfter Stimme, in den Abendhimmel blickend: »Vorsicht, der da ist ein Verbrecher, ist gerade aus dem Knast raus, hat drei Jahre gesessen, hat überall hier eingebrochen.« Der Übeltäter würdigt uns keines Blickes und schleppt derweil seine Radeberger Bierkästen ins Nebenhaus. Es mag an der Uhrzeit liegen – erstaunlich viele Leute entladen ihre Einkäufe aus gut gepflegten Automobilen westlicher Produktion.

»Beschissen« sei, daß die Kapitalisten dieses Land vollständig übernommen hätten. Jede östliche Betriebsstätte, wie die Plüschfabrik, sei als Konkurrenz plattgemacht worden, und dies alles nur wegen Reisefreiheit und der D-Mark.

Gut, nun dürfe man reisen, habe aber kein Geld zum Reisen. Woher denn auch? Schöne Freiheit! »Von vorne bis hinten sind wir betrogen worden. Es wäre besser gewesen, wenn die Mauer stehengeblieben wäre oder gleich wieder hochgezogen würde. Am besten gleich drei Meter höher.« Erwartungsvoll und prüfend schaut sie mich an.

Das war neu und rekordverdächtig. Auch im Westen traf ich vereinzelte Verächter der Einheit, die die Mauer wiederhaben wollen, aber nur wenige wollten sie gleich höher bauen, und wenn schon, dann höchstens einen Meter. Nun aber gleich drei!

Ich staune pflichtschuldigst und frage, wie es denn dann bei der völligen Zahlungsunfähigkeit der geliebten Deutschen Demokratischen Republik hätte weitergehen sollen und worin denn der Betrug von vorne bis hinten bestehe. Daraufhin gewinnt das Gespräch an Nuancenreichtum.

Ich erfahre, daß sie früher Ortsbürgermeisterin war, natürlich als Mitglied der SED. In der Umbruchzeit sei dann der Pfarrer aus der SED ausgetreten und habe sich als unabhängiger Wendekandidat für das Bürgermeisteramt beworben und sei dann auch gewählt worden. Sie konnte gerade noch für Straßenlaternen sorgen, die heute noch stehen und leuchten. Der Neue habe dann mit Gemeindeland Grundstücksgeschäfte betrieben, von denen vor allem seine Verwandten profitiert hätten. Sie habe in ihrer Amtszeit keine Begünstigung zugelassen, obwohl ihre Tochter sich schon interessiert hätte für diesen Flecken Land, aus dem man einen schönen Gemüsegarten hätte machen können.

Die meisten der ehemals Hundertfünfzigprozentigen seien heute bei der CDU, behauptet sie. Seither würden manche Leute nicht mal mehr mit ihr sprechen. Sie habe sich auch als Bürgermeister – sie sagt tatsächlich »Bürgermeister«, unterscheidet also problemlos zwischen Amt und Geschlechtszugehörigkeit – nie sonderlich um Politik geschert, sondern um ihren kleinen Ort und dessen Bewohner.

Nun habe sie die Nase gestrichen voll. Sie bekomme 600 DM-West Arbeitslosenunterstützung, weil sie als Bürgermeister früher 1.200 Ostmark bekam, und damit seien all die Fernreisen unerschwinglich. Ehemann und Sohn bekämen auch nur Arbeitslosenunterstützung in ähnlicher Größenordnung. Als sie dies sagt, blickt sie vorsichtig über die Schulter zurück. Die Gardine verrutscht, und ich erlaube mir einen kurzen Blick in das Wohnzimmer des ehemaligen Bürgermeisters, das vielleicht auch Amtsstube gewesen war. Ehrwürdig bäuerliches Mobiliar aus einer Zeit, als die Deutsche Demokratische Republik noch nicht existierte, vermutlich von den Eltern geerbt. Ein Vertiko mit vielen aufgestellten Fotografien, ein eichener Tisch und drei Lehnstühle, eine Stickerei an der Wand, mehr kann ich nicht erhaschen. Während sie also mit verhaltener Stimme über die Schulter spricht, als müsse sie befürchten, jemand lausche diesen ketzerischen Reden – sie muß wohl mit Mann und Sohn rechnen, die aber nur über diese einzige Straße eintreffen können –, erklärt sie:

Sicher könnten sie als Familie davon leben, aber das Leben insgesamt habe sich doch sehr verändert. Schon ein Jahr vor der Wende habe sie bemerkt, daß es so nicht weitergehen könne. Bei Krankheitsfällen in ihrem Ort habe sie keine anständige medizinische Versorgung im Krankenhaus mehr erreichen können, Medikamente für die Kranken im Ort seien selbst für sie als Bürgermeister nicht mehr zu organisieren gewesen. Dann seien auch einfachste Lebensmittel knapp geworden, das müsse sie schon zugeben. Es sei schon sehr schlecht gewesen, und eigentlich habe es zum Ende gar nichts mehr gegeben. »Es war dann nichts mehr.«

Als dann die Mauer gefallen war – ihre klaren Augen bewölken sich bei dieser Erzählung –, habe ihre letzte Aufgabe darin bestanden, über viele Tage mit dem Abschnittsbevollmächtigten, den es leider heute nicht mehr gebe – »deswegen haben wir ja nun diese Kriminalität« – , die den Ort teilende Landstraße nach Berlin, der Hauptstadt der Deutschen Demokratischen Republik, immer mal wieder zu sperren, damit wenigstens die Kinder hätten in die Schule gehen können. Ein unablässiger Strom von gierigen Trabant- und Wartburgfahrern aus den südlichen Regionen habe die Straße Tag und Nacht unüberquerbar gemacht, nur um das Begrüßungsgeld in Westberlin zu kassieren. Widerlich sei das gewesen. »Ich habe mich für meine Leute geschämt.« Abends und nachts, da hätten sie und der Abschnittsbevollmächtigte nichts mehr tun müssen, aber das Geknatter der Autos von und nach Berlin habe nicht aufgehört.

»Aber der Betrug«, wollte ich wissen, »welchen Betrug meinen Sie? Sie sprechen doch gerade von Ihren Leuten…«

Sie mochte nicht mehr antworten. Ehemann und Sohn kehrten schwer bepackt zurück, nickten kurz zum Gruß, und das Gespräch am Fenster wurde so beiläufig beendet, als hätte ich mich nach dem Weg erkundigt.

Hier standen nun Ehre und Gewissen in Gestalt dieser respektablen Frau: Betrug, hatte sie gesagt, das Verschwinden der Solidarität beklagt, sich geschämt für ihre Landsleute, die zu Zigtausenden die Straßen verstopft hatten, die angebliche Freiheit so sarkastisch kommentiert, wie sie die Not der letzten Monate ihres Amtes beklagt hatte, und dann entluden ihr Ehemann und ihr Sohn ihre mit Arbeitslosenunterstützung erworbenen Schätze aus einem piekfeinen Auto.

Die Reisefreiheit habe man jetzt, aber kein Geld zum Reisen, hatte sie gesagt.

20. »Nüscht is«

Monate später, im Herbst, nähern wir uns Werningerode, einem Städtchen im Harz. Die Sicht auf den Brocken ist klar, die Stadtstraße ist rumpelig. Gerade hatten wir Quedlinburg verlassen, die Stadt, die wir aus einer Fernsehreportage zu kennen glaubten. Quedlinburg ist ein sehr hübscher Ort, und genauso hatte ihn die Fernsehsendung auch gezeigt. Es muß inzwischen im Fernsehen, wie vielleicht auch in den übrigen Medien, eine gemütvolle Übereinstimmung geben, ostdeutsche Ortschaften und Gegebenheiten so zu schildern, als sei nun wieder alles gut. Doch nur zuweilen verhält es sich so, wie es am Bildschirm zu bestaunen ist. Ist man am Ort der Berichterstattung, stellt man schnell fest, wie viele der schönen Bilder nur dem Kamerawinkel zu verdanken sind. Das weiß ein jeder, überall ist es so. Die Schokoladenseite wird gefilmt. Im Westen könnte man auch die Nebenschauplätze zeigen, die zumeist immer noch ansehnlich wären.

Im Osten ist es anders. Dort, wo westliche Investoren sich etwas erhoffen, kommt es zu Glanz, und einen Meter weiter regiert das selbst zu verantwortende Elend. Das ist in Leipzig, das sich nicht zuletzt mit der Hilfe des Spekulanten Schneider manierlich entwickelt hat, nicht anders als in Dresden. So auch in Quedlinburg. Das »Weltkulturerbe der Vereinten Nationen« wird von den Bewohnern dieses Erbes häufig genug mißachtet. Schaut man nur um die Ecke, stolpert man über Müllberge und Dreck, und nach wie vor findet man abgewrackte Häuser, deren Türen von verdrießlichen Bewohnern mit Schulterblick auf den Touristen mit Kettenschlössern zugehalten werden. Vor einem dieser vergammelnden Häuschen in Quedlinburg überzeugt eine prachtvolle ost-west-deutsche Synthese: ein rasant tiefergelegter, schneeweißer VW-Golf, Reifen mit Alufelge, breiter als alles, was uns trennt, DDR-Wimpel und Brockenhexe am Innenspiegel. Die Sitze sind mit einer Sonderausstattung bunter Kittelschürzen aus DDR-Beständen bezogen, und am Heck vermeldet ein ovales Schild noch einmal: »DDR«.

In einer Kneipe, die sich dem westlichen Tourismus wirklich noch nicht ergeben hatte, erfahren wir: »Nüscht is«. Dabei hatten wir nur einen Imbiß zu uns nehmen wollen. Aber gemach, nach einigen Verhandlungen gab es doch noch eine Bratwurst und einen Wodka für uns – die Dienstleistungsgesellschaft macht eben auch vor Quedlinburg nicht halt, lediglich die überkommenen Hürden der HO-Gastronomie müssen genommen werden. »Na sehen Sie, bei uns braucht niemand zu verhungern«, sagte die Wirtin, als sie die Teller mit entschiedenem Lächeln auf den Tisch stellte. Vom Tresen her drückte ein Gast in vorschriftsmäßiger Lederjoppe und Hütchen so etwas wie Anerkennung aus. Diese Wessis, mag er gedacht haben, sie machen uns fertig. Recht hatte er, das war doch schon ganz anders als zehn Jahre zuvor in Magdeburg, es geht also voran.

»Nüscht is« ist übrigens eine Redewendung, die wir über all die Jahre immer und immer wieder gehört haben. Sie scheint sagen zu wollen: Da könne ja ein jeder kommen und etwas verlangen, vielleicht mit diesem winzigen autoritären Beiklang, daß es unverschämt sei, etwas zu wünschen, was möglicherweise gar nicht vorhanden wäre, und man kenne die schon, die etwas wollen wollten. Überdies sei das, was man wolle, nicht erreichbar, aber unter bestimmten Voraussetzungen, sei es dann möglicherweise doch zu haben, weil sich hinter der vorab beschiedenen Unmöglichkeit trotz allem eine dünne Möglichkeit befinden könnte, wenn bestimmte... usw. So kompliziert kann das gewesen sein.

Dabei kann es sich um eine Bratwurst handeln, ein andermal geht es um eine reine Gefälligkeit oder um die Ausführung eines handwerklichen Auftrags – »Nüscht is«. So wie diese Worte im Osten nach wie vor die allgemeine und grundsätzliche Unmöglichkeit in allen Abstufungen der Überzeugung, Überredung und Bestechung bedeuten, gibt es ein anderes, das zumindest glänzend faszinierende Möglichkeiten in Aussicht stellt. Dieses wunderbare Wort heißt »Strecke«.

»Strecke« eröffnet je nach Gemütslage den Blick auf eine zurückgelegte oder vorausliegende Distanz eines Weges, möchte man meinen. Strecke hat etwas mit einer räumlichen Bestimmung zu tun, denkt man als Westler, man assoziiert Wanderer, Truckfahrer, kurz: alle, die irgendwoher kommen und einen langen Weg vor sich haben.

Alles falsch. Wenn man im Osten von »Strecke« reden hört, geht es wie immer ums Ganze.

Man vergißt allzu leicht, auch der real existierende Sozialismus der DDR-Gemeinschaft hatte noch ein Ziel vor sich, nämlich den Kommunismus. Das war die Strecke, die es bis dahin zu bewältigen galt – nicht zu verwechseln mit der Strecke der Jäger, die ihre erlegten Karnickel verblasen. Die Deutsche Demokratische Republik sollte ja nur ein Zwischenziel, ein staatlicher Ruhepunkt auf dem Jagdgang zur Vertragsunterschrift aller zum Weltkommunismus gehörenden Nomenklatura sozialistischer Würdenträger sein. Parteitage, Beschlüsse und Perspektivpläne, nicht Kilometersteine waren als die Wegmarken auf diesem holprigen Pfad in die weite Zukunft gedacht. Dabei geht es um nichts weniger als das Paradies, wie der aus der Deutschen Demokratischen Republik exilierte Maler Gerhard Richter in seinen Erinnerungen zum 19.9.1992 festhält: »Keine Religion versprach das Paradies auf Erden; nur die Kommunisten waren so dumm, das zu tun. Damit sind sie nicht nur betrügerisch, sondern tatsächlich mörderisch. Denn indem sie den anderen alle Schuld zuweisen, machen sie sich zu den absoluten Guten und berauben sich so der Fähigkeit, Gutes überhaupt noch versuchen zu können. (Und dem Glauben, die ganze Welt ändern zu können, muß auch jede kleine Verbesserung des Bestehenden eher wie Sabotage vorkommen.) Blasiertes Gesindel.«

Um also dem fürchterlichen Verdacht der Sabotage zu entgehen, sind prinzipiell denkbare Verbesserungen in der ehemaligen Deutschen Demokratischen Republik und den ihr nachfolgenden fünf neuen Ländern an den Ausdruck »Strecke« geknüpft. »Strecke« ist eine Wunderformel, eine ebensolche Gesprächsgrundlage wie »Nüscht is«. Diese Formel bedeutet: unglaubliche Schwierigkeiten, kaum zu überwindende, geradezu seinsgeschichtliche Hindernisse, welthistorische Verwerfungen, die eine Erledigung von Aufgaben sehr erschweren, wenn nicht gar unmöglich machen; alle an »Strecke« Beteiligten nicken dazu düster, ja fast bitter ob der schicksalsmächtigen Verschwörung, die sich dem gemeinsamen Wollen so entschieden in den Weg stellt, aber immerhin, in gemeinsamer und solidarischer Anstrengung könnte es nach umfänglichen Beratungen dennoch möglich werden.

Beim Bau von Wohnhäusern oder bei der Sanierung von ruinierten Altbauten in Ostberlin und Umgebung, zu deren ästhetischer Gestaltung ich eingeladen war, konnte ich es oft miterleben. »Strecke.«

Wo es im Westen eine kurze Baubesprechung mit anschließenden Arbeitsverteilungen gibt, erfolgt im Osten die Bauberatung, die in ihrem verschroben behäbigen Ablauf entsprechend längere Zeit in Anspruch nimmt.

Eine solche Beratung muß man sich nun so vorstellen, daß ein Raum in einem Neubau oder auch in einem alten Gemäuer, regelmäßig gut beheizt, dafür wird gesorgt, komplett mit DDR-Stahlrohrstühlen bestückt wird, auf denen jeder Platz findet, der nur irgendwie sein Handwerkszeug, sei es Maurerkelle, Hammer oder Zollstock, aus der Hand fallen lassen kann. Dann sitzen sie alle versammelt da, und der ostdeutsche Generalunternehmer hebt an: »Liebe Kollegen«, sagt er, »wir haben da ein Problem auf der Strecke mit den Treppen und Treppengeländern.« »Ja«, meldet sich dann der Kollege Treppenbauer, »das stimmt.« »Gut«, befindet dann der ostdeutsche Generalunternehmer in seiner Absicht, den Baufortschritt aufs äußerste zu steigern: »Liebe Kollegen, das Problem auf der Strecke ist, daß wir erst einmal die Treppe fertigmachen müssen, bevor wir das Geländer montieren.« Da sind nun alle platt.

Dennoch kann es durchaus passieren, daß der Kollege Treppenbauer antwortet, seiner Ansicht nach sei das Problem auf der Strecke, erst einmal festzulegen, wo die Treppe überhaupt gebaut werden solle. »Was«, ruft der Generalunternehmer dann anscheinend völlig entgeistert, »wir sind auf dieser Strecke noch nicht weiter, da haben wir aber doch ganz detaillierte Pläne! Kollegen, wir müssen auf dieser Strecke unbedingt weiterkommen!«

Nachdem alle »Strecken« behandelt worden sind – und das kann sich über Stunden hinziehen –, wird ein Beschluß gefaßt, in dem es heißt, die »Strecke« sei voller Haken und Ösen, aber man werde versuchen, sie zu allseitiger Zufriedenheit zu meistern. Dann trennt sich das Beratungskollektiv und nimmt die praktische Arbeit wieder auf, wenn nicht bereits der Feierabend dazwischenkommt.

Dieses Verfahren ist verwirrend für den westdeutschen Beobachter, weil er doch denken muß, bei derartig intensiver Arbeitsvorbereitung und soviel Kollektivgeist müsse sich der Erfolg doch eigentlich wie von selbst einstellen. Regelmäßig übersieht der staunende Westler, und besonders wenn er mit seinem Geld der Bauherr ist, daß es sich nur um eine Beratung der »Strecke« und keinesfalls um eine Arbeitsplanung gehandelt hat.

Wer solche »Strecken-Beratungen« mitverfolgt, wird den wie auf Kohlen sitzenden westdeutschen Bauherrn als heiteren Ironiker zu schätzen wissen, der diese Art von Bauvertagungen, in Erinnerung an die Hausbesetzerszene der 70er Jahre in der alten Bundesrepublik, als »Instandbesetzung« qualifiziert und schließlich seinem Generalunternehmer, als der wieder einmal anhebt, das Problem auf der »Strecke« zu erläutern, antwortet: »Das Problem auf der Strecke ist die Strecke, oder?« »Ja, so ist es wirklich«, gibt der gequält zu, das Problem »auf der Strecke ist die Strecke«.

Neben all diesen vermeintlich mit Aktivität geladenen Wortschöpfungen gibt es auch noch die »Zielstellung«, und die ist fast die hübscheste aller mit nichts geladenen Wortschöpfungen, denn sie versandet buchstäblich immer schon auf der »Strecke«. Sollte es ihr dennoch gelingen, diese Hürden zu nehmen, wird sie am kategorischen »Nüscht is« scheitern.

Über diese Ostsemantik unterhielten wir uns, während wir uns auf Werningerode zubewegten. Wir durchquerten die von der Gemeinde ausgewiesenen Wüsteneien und zaghaften Gewerbeansiedlungen. Wenn man sie betritt, sind sie fast menschenleer, und urplötzlich fragen freundliche Mitarbeiter nach dem Begehr. Hier muß ein anderer Geist herrschen, vermuten wir. Wir erreichen das Zentrum des Orts. Das ist wahrhaft schön hergerichtet, und die Bautafeln geben Auskunft, wer dieses Wunder vollbracht hat und vollbringt. Wie immer – der Westen.

Wir lassen uns im Restaurant am Marktplatz nieder und bestaunen durch die Fenster das renovierte mittelalterliche Rathaus. Wir geben unsere Bestellung auf und hören kein »Nüscht is«.

21. Einige Unternehmerregeln für den Osten

Uns gegenüber sitzt ein gestandener Mann, Ende fünfzig, vielleicht Anfang sechzig, der offenbar Freude daran hat, Westler vor sich zu sehen. So kommen wir ins Gespräch. Diese Geschichte hat es in sich und ist schnell erzählt.

Schon im Winter 1991/92 hatte er an diesem Platz in der damals kläglichen HO-Gaststätte gesessen und gefroren. Durch die Fensterritzen blies ihm ein eiskalter Luftstrom ins Gesicht – kam der nun vom Brocken her, oder kam der direkt aus Sibirien, fragte er sich als empfindsamer Westler. Er war gebeten worden, ein neugegründetes Management-Buy-out (MBO)-Unternehmen zu beraten. Er mußte überlegen, was er an diesem schauerlich verfallenen Ort eigentlich wollte.

1990 hatte er seinen eigenen Betrieb in der alten Bundesrepublik gut verkauft, wollte sich zur Ruhe setzen und seine Zeit endlich Frau und Kindern widmen. Wir hatten es also mit einem Unternehmer zu tun, der Zugluft nicht scheut und seine Familie von neuen Aufgaben überzeugen kann. Nicht jedermann verkauft ja mal so eben einen Betrieb, um dann später in windigen Harzorten zu sitzen. Auf diesen Irrsinn tranken wir erst einmal ein Glas.

Schon bald stellte sich heraus, daß er dem Rentierleben noch nicht so ganz gewachsen war; als Unternehmer nahm er die Offerte an, in einem Management-Buy-out-Unternehmen in diesem kleinen Harzort zwei Jahre lang ohne jede Bezahlung als Berater zu wirken. Sollte heißen: Wie biege ich DDR-Bürgern-Unternehmern bei, wie Kredite funktionieren, wie man mit der Treuhand und den Banken verhandelt, wie man Betriebsabläufe organisiert, wie kann ich überhaupt den Neubeginnenden mit Rat und Tat zur Seite stehen?

Da haben wir ihn wieder, den Westdeutschen, den Kolonisator, der alles besser weiß und sich in zugigen Kneipen herumtreibt, statt sich um die Familie zu kümmern. Wir saßen bei Sülze, Bratkartoffeln und Remoulade. Der Tisch war sauber eingedeckt, und die Fenster waren mittlerweile dicht, also keine Zugluft mehr: Die Flammen der Kerzen standen so still wie ehedem die NVA-Soldaten vor der Neuen Wache in Berlin. Es war schon fast wie im Westen, und dennoch, unser Unternehmer wirkte bekümmert. Er hatte wahrhaftig allen Grund dazu: Am Ende seiner zweijährigen Beratungstätigkeit, die er aus Lust und Liebe übernommen hatte, um den unbeholfenen Ostdeutschen auf die Beine zu helfen, hatten ihm die Banken erklärt: »Sie können diesen Betrieb nur retten, wenn Sie Ihren Beraterstatus aufgeben. Sie müssen die Geschäftsführung übernehmen.«

Die Treuhand hatte eine Kombinats-Wüstenei an die drei ostdeutschen MBOs zu stolzen Millionen verkauft, die schon vorher in diesem maroden Kombinat gewerkelt hatten. Rechtsgültige Verträge, an denen niemand mehr rütteln konnte. Finanzierung ungewiß. Zinsen so kolossal, wie sie die neugeborenen Ostmanager eben ausgehandelt hatten. Das Betriebsgelände und seine Anlagen mit allem Drum und Dran eine böse Karikatur eines mittelständischen Unternehmens.

Unser Unternehmer hat es dann dennoch gewagt und, so erzählte er uns, mittlerweile 16 Millionen DM seines privaten Vermögens in diesen Betrieb investiert. Wir fragen ihn nach seinen Erfahrungen mit seinen Mitarbeitern, und er ist des Lobes voll: Die könnten was und seien sehr motiviert. Aus anderen Gesprächen mit Unternehmern kennen wir das, sie zeigen sich beglückt. So ein US-Amerikaner, den wir in Leipzig trafen, der bei Halle ein kleines Industriewerk übernommen hatte, auch er begeistert, allerdings müsse er alle zwei Jahre seine westlichen Mitarbeiter auswechseln, weil die sich zu schnell an die ostdeutsche Beliebigkeit gewöhnen würden. Unternehmerisches Handeln, das zu nicht geringen Teilen auf praktischem Optimismus beruht, verklärt sich die Welt offensichtlich dann und wann. Unser Unternehmer, der mit seinem Schicksal an der Produktivität seines neuen Betriebes hängt, erklärt dann aber unvermittelt seufzend, es sei der »reine Wahnsinn«, den er Tag für Tag erlebe.

Die Beschäftigten erschienen zwar pünktlich im Betrieb,

bis sie aber bereit seien, die Arbeit aufzunehmen, vergingen regelmäßig mehr als 30 Minuten. Bei hundert Beschäftigten gingen also pro Tag ungefähr 50 Stunden Arbeitszeit verloren. Dagegen sei einfach nicht anzukommen. Das entspreche ungefähr 130 Arbeitstagen eines einzelnen Angestellten, die in einem einzigen Monat verlorengingen, was den Leuten einfach nicht beizubringen, geschweige denn zu erklären sei. Daß alle auf Gedeih und Verderb mit dem Erfolg dieses Werkes verbunden seien, stoße auf freundliche Zustimmung und nichts weiter. Mit Kündigung zu drohen, fruchte nichts, da die von der Treuhand festgelegte Arbeitsplatzgarantie nur unter enormen Kosten auszuhebeln sei. Sein Prokurist, vormals MBO-Geschäftsführer des neu begründeten Betriebes, sei eine solche Flasche, daß er ihn nur noch als Kalfaktor bei den alten hohen Bezügen beschäftige, aber selbst da sei der Mann überfordert. »Über zehntausend D-Mark kostet der mich pro Monat«, sagt er und blickt uns so finster an, als seien wir die Übeltäter.

»Ich hab' ihm das neulich erklärt«, fährt er fort. »Ich habe ihm gesagt, nun müsse er endlich anfangen zu arbeiten, an allen Ecken und Enden, es stünde schlecht um das Werk. Das hat er dann eingesehen und Besserung gelobt. Nach fünf Minuten stand er wieder vor meinem Schreibtisch, als sei nichts geschehen, und fragte mich, ob ich selber zur Sitzung des örtlichen Fußballvereins gehen wollte oder ob er das Sponsoring abklären solle. Er hatte es wieder nicht begriffen, es ist hoffnungslos. Bei meinen Arbeitern dasselbe Problem, die haben neulich eine Wand verputzt, und der Putz fiel wieder ab. Also haben die schlampig gearbeitet. Der Bauherr rief mich an, und ich habe ihm versprochen, daß noch am Wochenende alles in Ordnung gebracht würde. Ich habe dann versucht, die Leute wieder zusammenzukriegen, die das vermasselt hatten. Schließlich hatte ich sie beisammen, und sie haben das wieder geradegebogen. Nach einiger Zeit sehe ich, daß sie diesen Wochenendeinsatz bei der Lohnbuchhaltung geltend gemacht haben. Die gingen davon aus, Arbeit müsse bezahlt werden, nicht Erfolg.

Ich habe ihnen daraufhin erklärt, daß wir ordentlich arbeiten müssen, alles, was wir tun, muß Qualität haben, und wenn etwas schiefgeht, müssen wir das nachbessern, auch wenn es Wochenende ist, das ist unsere Verpflichtung, dafür habe ich Verträge unterschrieben. Da haben die glatt gesagt, wenn das so ist, dann arbeiten wir am Wochenende gar nicht mehr. Von Verpflichtungen wissen sie reineweg gar nichts und von ordentlicher Arbeit auch nichts. So geht das jeden Tag.«

Unser Unternehmer macht aus seiner Verzweiflung keinen Hehl mehr, seinen eingeschossenen 16 Millionen D-Mark stehen 100 Beschäftigte mit ihren Familien gegenüber, die pünktlich ihren Lohn beziehen. Von der Gratwanderung, das Unternehmen am Markt zu plazieren, wollten sie nichts wissen, diese Teilnahmslosigkeit raube ihm den Schlaf, behauptete er und erzählte trotz Zeitknappheit dennoch eine deprimierende Geschichte nach der anderen.

Die Stadtverwaltung lege sich bei jeder zustimmungsbedürftigen Baumaßnahme quer. Er habe keine Zufahrt, auf der ihn seine Kunden besuchen könnten, er brauche für ein Ausstellungsgebäude 75 Quadratmeter mehr als ursprünglich geplant, und er bekomme dafür niemals eine Genehmigung innerhalb des von der Deutschen Demokratischen Republik übriggelassenen Ruinengeländes. Er glaube schon oft daran, daß es alte Seilschaften gebe, die auch nur einen kleinen lokalen Erfolg verhindern wollten. Anders könne er sich diese fortlaufenden Behinderungen nicht erklären.

Ob es denn nicht sein könne, daß die örtliche Administration es einfach noch nicht begriffen hätte, worum es ginge, und es sich um Anpassungsschwierigkeiten handele, frage ich ihn.

»Na«, sagt er und guckt mich an, als ob ich nicht ganz bei Trost wäre, »ich war über dreißig Jahre in der Kommunalpolitik und Ratsherr. Glauben Sie nicht, daß ich erkenne, wenn bestimmte Kadetten etwas verhindern wollen? Und ich kenne die beim Namen, alles altgediente Genossen.«

Wie es denn mit der so oft beschworenen Improvisationsgabe seiner ostdeutschen Mitarbeiter sei, wollte ich zur Abwechslung wissen. »Ganz phantastisch«, antwortete er, »neulich stand unsere Maschine, verstehen Sie, die lief nicht mehr. Ohne daß ich es mitkriegte, haben sie Willi geholt, Willi kann alles. Willi hat drei Tage lang nicht an seinem Platz gearbeitet, das blieb alles liegen, sondern hat statt dessen ein Bauteil im Wert von 45 DM repariert und geflickt, das hätte man per Expreß innerhalb von Stunden haben können. Nun stand drei Tage die Maschine still, wir haben drei Tage nicht produziert, keiner sagte mir was, und hinterher haben wir doch einfach das Teil erneuert, heller Wahnsinn.« Er holte tief Atem. »Aber ich hab' ja selber Schuld, wenn ich drei Tage auf Akquise bin, kann ich nicht gleichzeitig im Betrieb sein. Wieso sollten die mich anrufen? Die sind doch froh, wenn ich mal weg bin. Warum ich das alles mache, weiß ich auch nicht, aber wenn man das mal angefangen hat, soll das auch ein Erfolg werden. Und es wird einer werden, wenn nur nicht diese fürchterlichen Beratungen wären. Da sitzen sie dann und schreiben alles mit. Wir organisieren einige Fertigungslinien neu, alle bekunden Zustimmung, ja Begeisterung, und nach drei Wochen erfahre ich, daß sich nichts geändert hat, alles geht seinen alten gewohnten Gang. Ja, kriege ich dann zu hören, das war doch nur eine Beratung, da muß doch noch die Anweisung kommen.« Er schüttelt den Kopf. »Da haben es die Kollegen in Jena bei Jenoptik einfacher, die haben 3,6 Milliarden Steuermittel einkassiert und 2000 Beschäftigte, das macht 18 Millionen D-Mark pro Arbeitsplatz. Tolles Ergebnis, freut sich da der Betriebsratsvorsitzende, der schon im Kombinat dabei war, das haben wir alles unseren Mitarbeitern zu verdanken, sagt er. 18 Millionen DM für einen einzigen Arbeitsplatz? Ich muß mit meinen privaten 16 Millionen DM für 100 Leute geradestehen, die angeknüpften Gewerbe und Subunternehmer nicht einmal gerechnet. Wer war's, war es nicht der alte Briest, der gerne sagte, das sei ein weites Feld? Ist ja auch egal, ich muß jetzt ins Bett, morgen habe ich wieder Beratung.«

Wir prosten uns ein letztes Mal zu, und der sorgenbeladene Mann entschwindet in sein kleines Appartement – »Ein-Raum-Wohnung« sagt man dazu im Osten – und wird wohl seiner Frau im fernen Westdeutschland am Telefon mitteilen, es gehe voran.

Der Unternehmer hat es im Osten schwer. Mal ist er derjenige, der Arbeitsplätze besorgt, mal derjenige, der allein staatliche Fördermaßnahmen in die Tat umsetzen kann, mal ist er derjenige, der die Leute über den Tisch zieht und schamlos ausbeutet.

In Berlin gibt es einen westlichen Unternehmer, der in vertraglicher Übereinkunft mit der Senatorin für Arbeit, Soziales und Frauen, Frau Bergmann, die heute in Bonn/Berlin als Ministerin das Familienressort vertritt, und der vertraglichen Zustimmung der Gewerkschaften – bessere Partner kann man sich nicht wünschen, möchte man meinen – bis 1998 versucht hat, ostdeutsche Arbeitslose in neu begründeten ostdeutschen Firmen im Rahmen der gesetzlichen Möglichkeiten im ersten, eben nicht im zweiten Arbeitsmarkt am Bau zu beschäftigen.

»Berliner Modell« wurde das genannt und ist unter diesem Titel von mir so dokumentiert worden. Dieser Mann, Unternehmer und Jurist, wiewohl noch sehr jung, folgt einem offenbar etwas altmodischen Credo: Solange es noch ein unsaniertes Haus im Osten gebe und angesichts der vielen Aufgaben, die im Osten anstünden, würde es die individuelle Ehre und Würde der ostdeutschen Arbeitslosen beschneiden, wenn man ihnen nicht die Gelegenheit gäbe, am

Aufbau mitzuwirken. Ein schlichter Gedanke von einiger Plausibilität.

Wenn in Berlin ein Haus saniert werden soll, hängt viel von der Zustimmung der Mieter ab, so will es das Gesetz. Den Mietern wird dann regelmäßig erklärt, nach kurzer Bauzeit könnten sie wieder in ihre Wohnungen einziehen – zwischendurch würden sie anderswo gut untergebracht –, sie hätten dann später Heizung, Telefon, TV-Anschlüsse, WC, Badezimmer und all den übrigen Wohnkomfort nach westlichen Standard. Das ist bestimmt schrecklich unbequem für die Bewohner dieser entsetzlich verkommenen und verdreckten Areale, in denen sie aber dennoch gewohnt und gelebt haben, ohne jemals selbst eine freundliche Hand nur zur Bestandssicherung zu reichen.

Wenn dieser Unternehmer bei einer Mieterversammlung eines völlig heruntergewirtschafteten Hauses im Osten Berlins, das nun saniert werden soll, danach fragt, wer von den Mietern arbeitslos sei, und erfährt: »Wir alle sind arbeitslos« –, wenn dieser Unternehmer den arbeitslosen Bewohnern anbietet, sie beim Wiederaufbau des Hauses nach gültigen Tarifverträgen zu beschäftigen, mit Lohn und Brot zu versorgen: »Das sind doch eure Wohnungen, ihr könnt sie gegen Lohn vollständig sanieren, ihr könnt bauen und tapezieren, ihr könnt festlegen, wo das Klo sein soll, ihr könnt bestimmen, wie das Haus aussehen wird, Geld haben wir im Moment genug, wenn ihr mitarbeitet« – und niemand der arbeitslosen Bewohner an der Sanierung arbeitend teilnehmen will, ist dann dieser Unternehmer ein illusionärer Träumer? Offenbar, so scheint es.

Derselbe Unternehmer war übrigens auch ein Träumer, als er weitere Häuser im Osten Berlins zu sanieren hatte und ihm für seine Ost-Baugesellschaften insgesamt 600 Arbeitskräfte fehlten, die er wiederum aus dem Reservoir der arbeitslosen Bauarbeiter Berlins, seinerzeit etwa 32.000 an der Zahl, zu finden hoffte. Über Monate hat er nicht einen einzigen Bauarbeiter aus Ostberlin über das zuständige Arbeitsamt vermittelt bekommen. Bauverzögerung und harte Konventionalstrafen über Monate, pro Tag DM 5.000, waren die Folge.

Dieser Unternehmer, dem die Verhinderungserfahrung etwa so nah sitzt wie unserem Unternehmer aus dem Harz, hat dann das Problem ganz gegen seine erklärte Absicht mit westdeutschen Firmen, also portugiesischen, englischen, aber auch polnischen und tschechischen Bauarbeitern gelöst. Die wurden ihrer Aufgabe im Termin gerecht und haben nicht lange gefragt, ob etwa im Arbeitsamt Mitte altgediente Funktionäre säßen, die alles verhindern wollen. Die Sanierung wurde dann abgeschlossen, und die Mieter konnten wieder einziehen. Nachdem der Chef aller Berliner Arbeitsämter von diesen Vermittlungsschwierigkeiten in Ostberlin erfahren hatte, verfügte er, jede Nichtvermittlung eines Arbeitslosen sei auf zwei Schriftseiten zu begründen. Seither sollen auch im Osten Berlins Arbeitslose freien Stellen »zugeführt« worden sein, wie es im DDR-Idiom heißt.

Aus solchen Beobachtungen speisen sich so manche Verschwörungstheorien, die vielleicht etwas hoch greifen. Wer wollte es denn den alten Funktionären der Deutschen Demokratischen Republik, die in allen Verwaltungen und in der Politik sitzen, übelnehmen, wenn sie ihr lebensgewohntes Programm der Verhinderung von Rationalität und Aktivität nun gerade angesichts des jäh hereinbrechenden tatenfrohen westlichen Pragmatismus beibehalten? – Ja, wer?

Für westdeutsche Unternehmer sind solche Debakel als persönliche und wirtschaftliche Katastrophen erfahrbar. Für die frischgebackenen ostdeutschen Unternehmen und ihr Umfeld gilt im Prinzip dasselbe, allerdings verstehen sie die nämlichen Erfahrungen anders.

Ein ostdeutscher Unternehmer berichtet über seine Schwierigkeiten mit seinen Beschäftigten und dem Arbeitsamt. Er hatte den Zuschlag für die Beräumung eines ehemaligen Flugplatzes bekommen. Für diese Aufgabe benötigte er neben seinem Stammpersonal 150 Arbeitskräfte. Er berichtet: »Von diesen 150 Arbeitnehmern sind uns durchs Arbeitsamt maximal 100 zugeführt worden, von diesen 100 sind maximal 50 da, jede Woche schmeißen wir 3 bis 4 bis 5 Leute raus, dann kriegen wir immer wieder neue Zuführung. Wir werden von unseren Auftraggebern nicht danach beurteilt, was wir für Arbeitnehmer haben, sondern wir werden danach beurteilt – wir haben einen Pauschalpreis abgegeben –, welche Leistung realisiert wird.«

Unter solchen Gegebenheiten werden betriebswirtschaftliche Kalkulationen schnell zu betriebsgefährdender Makulatur. Auf meine Frage, wie er das als Unternehmer durchstehen könne, wenn er die erforderliche Anzahl von Arbeitskräften vom Arbeitsamt nicht erhalte, wenn von den 100 Beschäftigten nur 50 zum Dienst erschienen und wenn er eine wöchentliche Fluktuationsrate von bis zu fünf Beschäftigten zu verwalten habe, wenn er also seinen Auftrag mit der ihm zur Verfügung stehenden Arbeitskapazität nicht wirklich erfüllen könnte, antwortete er:

»Ja, ja, das ist schlimm. Ich habe keinen Einfluß auf die Arbeitnehmer, ich habe keinen Einfluß auf die Moral oder die Motivation. Die Motivation is nich groß, da brauchen wir uns nüscht vorzumachen. Wenn die einen Arbeitsvertrag für ein Jahr kriegen, dann sagense, ja jut, ick werde das versuchen, über ein Jahr hinzuschaukeln, ohne mich totzuarbeiten. Und das führt zwangsläufig zu deutlichen Leistungsverlusten. Ja, nun kommt eine jüngere Klientel, da muß man sich vorsichtig ausdrücken, also sage ich mal, die die eine oder andere Macke haben, entweder soziale Mack etcetera oder haben einfach keine Lust zum Arbeiten, das merkt man in zunehmendem Maße. Ich bin aber nicht bereit, diese Politik zu machen, die eigentlich notwendig ist, um das Unternehmen zu gesunden, Massenentlassungen zu machen. Massenentlassungen sind schlimm, das will ich nicht, das mach ich nicht mit.«

Dieser Unternehmer war gewählt worden, weil er in seinem Berufsleben nie der Partei zu Willen gewesen war. Er war vormals als »Dispatcher« tätig gewesen und hatte die Abwicklung seines Chemie-Kombinats nach der Wende als frisch gewähltes Aufsichtsratsmitglied miterlebt. Er konnte schon damals die anstehende Entlassungswelle psychisch nicht verkraften und hat sich deswegen selbständig gemacht. Die Bedingungen der marktwirtschaftlichen Tätigkeit holen ihn dennoch ein. An der unmittelbaren Front des Arbeitseinsatzes segelt er zwischen der Scylla – kalkulatorisch den Marktbedingungen nicht entsprechen zu können – und der Charybdis – die tiefempfundene sozialpolitische Verantwortung nicht erfüllen zu können, einen Kurs, der kaum auszutarieren ist, mithin nicht gutgehen kann.

Scylla hin, Charybdis her – inzwischen hat er für sein Unternehmen Konkurs angemeldet, allerdings gleich ein neues eintragen lassen, das sich nur noch mit dem Leasing des Maschinenparks der alten Firma beschäftigt. Konkursbetrug? Das mag sein. Die quälende Sorge um den Betriebserfolg und die tiefempfundene soziale Verantwortung gegenüber den Arbeitskräften ist er jedenfalls erst einmal zu den Bedingungen des Manchester-Kapitalismus losgeworden.

Doch ich traf auch noch andere Beobachter des wirtschaftlichen und sozialen Feldes, das die Deutsche Demokratische Republik hinterlassen hat. Ein US-Amerikaner, der im Ostblock und auch in der Ex-DDR Geschäftspartner hatte, gab auf einem Kongreß in Leipzig – die amerikanische Handelskammer hatte eingeladen – seine Erfahrungen zu Protokoll:

»Worauf müssen wir uns im Osten einstellen?« lautete seine unverblümte Frage, die er in Leipzig einem Publikum vorhielt, das neben wenigen amerikanischen Unternehmern vor allem mit aufgeweckten Menschen der ehemaligen Deutschen Demokratischen Republik besetzt war, die sich mittlerweile als Banker, Geschäftsführer oder Controller verstehen. Wir hatten den ortstypischen Rotkäppchen-Sekt noch nicht ganz getrunken, als er seinen amerikanischen Kollegen ein kurzes Kompendium an die Hand gab, wobei er die ostdeutschen Teilnehmer der Sitzung nicht schonte, wie Amerikaner das eben tun, wenn es um die Wirklichkeit geht. Darin hieß es:

Die gesamte Ostblockmentalität gestattet nur in der Kategorie von Gewinnern und Verlierern zu denken; wechselseitiger Gewinn durch intelligente Zusammenarbeit ist nicht vorgesehen.

Betone nie die Bedeutung des Managements deines Unternehmens, sie halten das gleich für das ZK und nehmen es nicht ernst. Sprich für dich selbst.

Mach ganz deutlich, was du von deinem Ost-Partner erwartest, und achte peinlich darauf, daß du bekommst, wofür du dich eingesetzt hast.

Paß auf, denn wenn du es zuläßt, wird dich dein Ost-Partner betrügen.

Habe Geduld – erwarte keine schnellen Resultate, richte dich auf lange Zeiträume ein.

Drohe nicht vorschnell mit den üblichen Vertragssanktionen, sie erschrecken niemanden, und niemand hilft dir, sie zu vollstrecken. Der Rechtsstaat ist weitgehend nicht vorhanden.

Zahle nur, wenn bestimmte Ziele wirklich erreicht sind, und kontrolliere das beständig; gehe nie in Vorleistung.

Achte auf die Veränderungen im politischen und administrativen Umfeld und halte deine Pläne flexibel, um auf Veränderungen reagieren zu können.

Die evolutionäre Entwicklung im Osten ist anders als unsere, möglicherweise verläuft sie nicht einmal parallel.

Wenn du Osteuropäer im Prinzip für abendländisch

sozialisierte Amerikaner hältst, die nur ein wenig anders sind, eben abweichend, gehst du völlig fehl – unterschätze niemals ihren kulturellen Stolz und ihren Nationalismus.

Die Reaktion auf diese Thesen ließ nicht auf sich warten. Die zuhörenden Amerikaner fragten erregt, wie dem denn zu begegnen sei und was man denn tun könne, um das kulturelle Gefälle auszugleichen. Der Vortragende blieb ganz ehrlich und sagte: »Probieren Sie es, aber beherzigen Sie meine Ratschläge.« Die Ost-Manager schwiegen einstweilen.

Der Amerikaner war aber mit seiner Schilderung noch nicht am Ende. Hatte er eben gerade mitten in Leipzig die Verwerfungen zwischen Amerika und Osteuropa aufgeführt, die sich so zusammenfassen lassen, daß der Kapitalismus beileibe kein wildes System, sondern ein System auf der Basis von personaler Verläßlichkeit, Regelanerkenntnis und Rechtsstaatlichkeit sei, fügte er seinem knappen Vortrag noch einen weiteren, wirtschaftspädagogischen Aspekt hinzu und führte nun – spiegelverkehrt und mit milder Ironie – aus, wie er die Handlungsimperative einschätze, von denen sich ostdeutsche bzw. osteuropäische Unternehmen im Umgang mit Amerikanern leiten ließen. Er schlüpfte gewissermaßen in deren Rolle, wenn er aus dem Blickwinkel eines im Ostblock ansässigen Geschäftsmanns erklärte, was bei Geschäften mit Westlern zu beachten sei:

Bleibe am Buchstaben der Übereinkunft (aber nur wenn es paßt), und vergiß vollständig, worum es eigentlich geht.

Bewahre dir dein selektives Gedächtnis und kümmere dich nur um die Positionen, die deinen eigenen Interessen dienen.

Reagiere mit emotionalen Ausbrüchen, um deine Partner zu entsetzen und einzuschüchtern.

Wenn die Absprachen nicht den gewünschten Verlauf

nehmen, sorge für eine Unterbrechung oder verschwinde einfach, weil du Wichtigeres zu tun hast.

Beziehe dich auf längst vergangene Absprachen und Protokolle, um die eigentlich anstehende Diskussion zu verzögern.

Nutze jeden kleinen Fehler deines Partners bis zum letzten aus, wie trivial auch immer er sein mag.

Lüge, wenn es notwendig ist, aber nur, soweit du nicht ertappt werden kannst; halte dir diese Möglichkeit immer offen.

Kümmere dich um deine mächtigen Verbündeten in der Regierung, den Verwaltungen und den Parteien und veranlasse sie, Druck auszuüben.

Ein wirklich niederschmetterndes Vademecum, das er seinen *fellow-americans* da an die Hand gab, aber doch von der Zuversicht durchsetzt, daß man durchaus übereinkommen könne, wenn man nur hart genug bleibe und alle abendländischen Zeithorizonte beiseite lasse und gleichzeitig sichtbar der Wille, etwas zur Verbesserung der Verhältnisse im Osten beizutragen. Er sprach eigentümlicherweise die gesamte Zeit nur von Menschen, nicht ein einziges Mal erwähnte er ein System oder offiziöse Restriktionen; er sprach von Menschen, die es schaffen könnten, und von solchen, die noch einiges lernen müßten. Ein selbstüberzeugter und mit den menschlichen Schwächen wohlvertrauter US-Amerikaner.

Das war dann starker Tobak. Während sich die Amerikaner um ihren Landsmann scharten, sprach ich mit den Ostdeutschen, die entrüstet waren: Sie seien ja wohl nicht finstere Abkömmlinge des Sowjetreiches, sie seien doch inzwischen so westlich wie nur irgendwer. So sagten sie.

Nachdem die Veranstaltung zu Ende war, gingen wir noch in ein nahegelegenes Lokal, und ein ostdeutscher Banker, der an diesem Abend häufig namentlich erwähnt und gelobt worden war, der für eine bedeutende Bank als Regionalchef tätig und für den entwicklungsbedürftigen Landstrich zwischen Leipzig und Halle zuständig ist, erklärte mir: »Wissen Sie, ich bin Marineoffizier der NVA gewesen und habe nie das Kommando über ein eigenes Schiff bekommen. Die Wende kam zu früh; jetzt bin ich Banker, ich habe das in Crash-Kursen gelernt, ich mach' mir nichts aus dem, was der Amerikaner gesagt hat. Es kann wohl sein, daß er recht hat. Was interessiert mich das? Ich habe zwei wunderbare Töchter, die eine studiert in Westdeutschland, die andere geht endlich auf eine Privatschule. Mag sein, daß ich übermorgen arbeitslos bin, aber ich werde alles daransetzen, daß das nicht passiert.«

Das, so schien es mir, war ein beherztes Wort – so müssen Bankdirektoren und Unternehmer denken, wenn es aufwärts und weitergehen soll auf dieser Strecke.

22. Zivilcourage

Seit dem Herbst 1998 gibt es eine neue Bundesregierung und eine neue Landesregierung in Mecklenburg-Vorpommern. Im Bund regiert eine Koalition zwischen Sozialdemokraten und Grünen, in Mecklenburg-Vorpommern erstmalig nach der Vereinigung eine zwischen Sozialdemokraten und PDS.

Von solchen Regierungswechseln – auf Bundesebene handelte es sich um die Abwahl von Bundeskanzler Kohl, auf Landesebene scheinbar um eine Überraschung – darf man sich im Osten Deutschlands einiges an Veränderung erwarten, und die zeichnet sich auch sogleich ab.

Helmut Kohl, der Kanzler der Vereinigung, hatte den Ostdeutschen wohl gegen besseres Wissen immer wieder suggeriert, sie seien genauso fleißig gewesen wie die Westdeutschen, wobei er deren Leistungen ganz erheblich relativierte. Doch diese freundliche Flunkerei wurde ihm nicht mehr gedankt. Mit solchen Belobigungen und Honig-ums-Maul-Streichereien waren die Menschen in Ostdeutschland nicht mehr zu gewinnen, denn damit waren sie schließlich all die Jahre in der Deutschen Demokratischen Republik verwöhnt worden, während ihr Land unaufhaltsam verfiel. Sie warteten mehr auf Geld als auf gute Worte.

Gerhard Schröder, der neue Kanzler des vereinten Deutschlands, von seinen ostdeutschen Parteigenossen intensiv mit dem Gedanken konfrontiert, daß im Osten die Uhren anders ticken als im Westen, mußte also jenseits allen bemühten Pragmatismus eine Vokabel für seine innerdeutsche Ostpolitik finden, die den Kohlschen Fehler des kruden und halluzinatorischen Leistungsmaterialismus vermeiden würde.

»Zivilcourage« heißt nun das immateriell-moralische Leitmotiv, mit dem die ostdeutsche Bevölkerung besänftigt und bei der jüngst getroffenen Wahlentscheidung gehalten werden soll.

Die »Zivilcourage« der Ostdeutschen, die sie 1989/90 bewiesen hätten, sei die Basis der ostdeutschen Stärke, sagte Kanzler Schröder gleich nach der Wahl, und auf die wolle er setzen, um den Einigungsprozeß im zehnten Jahr als Chefsache endlich ins Werk zu setzen.

Das ist schon fast gewagter und voraussetzungsvoller, in jedem Falle aber weitergehend als das Kohlsche Motto.

Den Bewohnern der Deutschen Demokratischen Republik von 1989/90 im Jahre 1998 »Zivilcourage« zu attestieren und damit zu unterstellen, die Deutsche Demokratische Republik sei jemals eine Art »ziviler Gesellschaft« im westlichen Sinn gewesen oder habe sich auch nur innerhalb der östlichen Gesellschaften als »zivil« erwiesen, ist nicht nur ein Irrtum in politischen, sondern auch in alltagsweltlichen

Kategorien. Die DDR war während ihrer 40 Jahre niemals so etwas, was unter Politologen als *civil society* diskutiert wird. Als 1968 in der Tschechoslowakei tatsächlich ein couragierter Aufstand der Tschechen stattfand, hatte sie nichts anderes zu tun als mitzuhelfen, den Prager Frühling blutig abzuwürgen. Zeugnisse einer zivilcouragierten Unterstützung des polnischen Freiheitskampfes durch die Bevölkerung der DDR lassen sich kaum finden.

Die Rede von der »Zivilcourage« wirft daher einige heikle Fragen auf.

Unterstellt man nämlich in Ostdeutschland die Existenz einer realsozialistisch aufgeklärten Zivilgesellschaft mit couragierten Eingriffen, hätten die Bürger der Deutschen Demokratischen Republik bis 1989 alles getan, die ihnen typische Ausprägung einer DDR-Zivilgesellschaft zu bewahren. Es wäre dann der quasi zivile Beschluß gewesen, in einer fürchterlichen Diktatur leben zu wollen und Nachbarn in ihrem Freiheitsdrang Knüppel zwischen die Beine zu werfen. Und ebendiese Ausprägung geriete in Konflikt mit allem, was wir über Rechtsstaatlichkeit, zivile Gesellschaft und Zivilcourage wissen. Das käme der erstaunlichen Idee gleich, eine »zivile« Gesellschaft habe alles getan, um als solche nicht erkennbar zu werden, und so klingt es heute bisweilen. Das wäre dann wieder ein Beitrag zur DDR-typischen Dialektik von Schein und Sein.

Nimmt man umgekehrt an, die DDR-Gesellschaft habe sich innerhalb von 40 Jahren – die Konfrontation zwischen Gorbatschow und Honecker im Jahre 1989 legt das nahe – mehr zu einem hartnäckigen deutschen Ableger traditioneller Sowjetpolitik à la Breschnew entwickelt, wäre das »Zivile« augenblicklich verdampft, und lediglich die nicht konformen, staatlich lizenzierten Urlauber, die eben nicht-zivilen »Botschaftsflüchtlinge« und deren im internationalen politischen Feld geregelte Ausreise in die Bundesrepublik Deutschland hätten schließlich die friedlichen Demonstranten auf den Plan gerufen. Es wären also jeweils einzelne Abweichler und Flüchtlinge gewesen, die weniger »Zivil«-Courage bewiesen hätten als den Wunsch, den maroden Verhältnissen ihres Heimatlandes zu entkommen. Sie wären in erster Linie wirtschaftliche Flüchtlinge gewesen, die sich nach dem Motto »Nach mir die Sintflut« von ihrem Heimatland absetzten, als nicht mehr zu übersehen war, daß es untergehen würde.

Erst als die Würfel längst gefallen waren und ein Ende absehbar war, waren es Zigtausende, die sich gegenüber den »Botschaftsflüchtlingen« zu Recht benachteiligt fühlten und sich an Demonstrationen beteiligten. Der latente Gesellschaftsvertrag vom Juni 1953 hatte erkennbar jede Substanz verloren. Als nichts mehr verteilt werden konnte, ließ sich auch die Loyalität gegenüber dem Staat aufkündigen. Ohne Zweifel war persönlicher Mut erforderlich, um an den Demonstrationen teilzunehmen, als sich die Frage des Untergangs der Deutschen Demokratischen Republik unabweisbar stellte, und jeder einzelne, der daran beteiligt war, wird es in banger Erinnerung behalten, wie so mancher im Westen, der der zusammenbrechenden Staatsführung eine fanatisch-brachiale Lösung, wie sie just zuvor in Peking stattgefunden hatte, zutraute.

Beweist der Sturm von 16 Millionen Wirtschaftsasylanten auf die D-Mark Zivilcourage? Also, was war? Ist eine nicht-zivile Gemeinschaft gescheitert oder eine zivilisierte Gesellschaft? Und wenn es denn eine zivilisierte gewesen wäre, wie hätte sie scheitern können?

Aber davon reden wir nicht.

Wir reden vom Bundeskanzler-Attest der »Zivilcourage«.

Als der SPD-Abgeordnete Otto Schily, der heutige Bundesinnenminister, seinerzeit mit einer Banane im Parlament erschien, war das eine die Einheitsfreude verstörende ungeheuerliche Provokation, denn das drückte unterschwellig aus, die Helden von Leipzig seien nur wegen der begehrten

Südfrüchte und anderer materieller Segnungen montags auf dem Karl-Marx-Platz versammelt gewesen. Dabei kann man es getrost offenlassen, aus welchem Blickwinkel er die damaligen Ereignisse betrachtet hatte; es ist bekannt, daß die der SPD nahestehenden Kreise den Untergang der Deutschen Demokratischen Republik nicht gerade herbeisehnten, während in den Unionsfraktionen und bei deren Anhängern die Vereinigung durchaus erwünscht war. Schily war offensichtlich, wie die meisten Zeitgenossen, nicht davon überzeugt, historischer Betrachter von Zivilcourage zu sein.

Gibt es also eine Zivilcourage im Osten, auf die sich die Bundesrepublik in ihrer rechtsstaatlich verfaßten Demokratie verlassen könnte? Natürlich nicht. Bis auf einzelne personale Ausnahmen scheint das ausgeschlossen. Die Deutsche Demokratische Republik war eine der miserabelsten konsensuellen Diktaturen, die das zwanzigste Jahrhundert hervorgebracht hat.

Freilich gab es über die vierzig Jahre immer wieder einzelne, eminent mutige und inspirierende Personen in Ostdeutschland: Man denke an freie und tapfere Geister wie Havemann, Biermann, Heym und an viele namenlos gebliebene, die erst in Stasi-Akten namhaft wurden, die das Elend beenden und sich einem Verfassungsstaat zuwenden wollten. Diese waren Staatsbürger eines Landes, in dem es keine Gesellschaft und Bürger gab; aber wo es keine Bürger, keine *citoyens* gibt, gibt es logischerweise auch keine Zivilcourage, keinen Bürgermut. Die beherzten einzelnen in der Deutschen Demokratischen Republik waren und blieben alleingelassene einzelne Beherzte. Zivilcouragiert waren sie wohl aus Erinnerung, zivilcouragierte Bürger ihres Landes konnten sie nie werden, weil die *citoyens* fehlten, die sie hätten stützen müssen, an die sie hätten appellieren können. Die DDR war keine zivile Gesellschaft. Sie war eine realsozialistische Gemeinschaft, die die bürgerlichen Verfassungsrechte außer Kraft gesetzt und schließlich vergessen hatte.

Mit seinem Satz von der »Zivilcourage« hat Kanzler Schröder ein Thema in die Welt gesetzt, das nicht nur die Demokratievorstellungen der alten Bundesrepublik historisch in Bedrängnis führt, sondern gleichzeitig den Bewohnern der ostdeutschen Länder nahebringen will, sie hätten sich um die nun gemeinsam zu verantwortende bundesrepublikanische Demokratie verdient gemacht. Dem finalen Aufstand der Bankrotteure aus dem Osten werden die über Jahrzehnte währenden Bemühungen der Westdeutschen, eine verläßliche Rechtsordnung und entsprechend verläßliches rechtsstaatlich-demokratisches Bewußtsein zu etablieren, als gleichwertig an die Seite gestellt. Aus der Not geborene polithistorische Verrenkungen dieser Art haben ihren zivilgesellschaftlichen Preis, der umgehend zu zahlen ist.

Die in Demokratie naturgemäß unerfahrene Landesregierung von Sachsen-Anhalt hat, indem sie sich von der PDS dulden ließ, den Anfang gemacht und sogleich die Erfahrung bestätigt, daß die Uhren im Osten anders ticken. In Mecklenburg-Vorpommern hat die ebenfalls demokratieunerfahrene SPD-Mehrheit ohne Not erstmalig nach dem Scheitern des SED-Staates eine Koalition mit der PDS abgesegnet. Während man aus der SPD-Baracke in Bonn vom Kanzler hört, das sei ein »ganz normaler Vorgang«, erklärt der Genosse Holter, stellvertretender Regierungschef des Landes, ein auf der Parteihochschule in Moskau zu Erkenntnis und Ehren gekommener, dann frisch gewendeter oder vielleicht gar nicht so gewendeter SED-Funktionär: »Wir bleiben Systemopposition, liebe Genossen, wir müssen erst einmal durch diese Gesellschaft hindurch. Wir nutzen alle Möglichkeiten aus, die das demokratische System uns bietet, um unsere Politik durchzusetzen.«

Man fragt sich erschrocken, warum dieser Mann eine so programmatisch ehrliche Erklärung abgibt. Will er uns davor warnen, seinen Kampf nicht ernst zu nehmen? Sollen wir hinterher nicht sagen dürfen, wir hätten nichts gewußt?

Das vielleicht auch, vor allem aber geht es darum, einen Nebenwiderspruch – so sagt man in leninistischer Diktion, wenn man die Kaderhochschule in Moskau absolviert hat – deutlich zu machen und die Partei zu beruhigen, denn die hatte seinerzeit die Landesverfassung von Mecklenburg-Vorpommern unisono abgelehnt und hätte Anstoß daran nehmen können, daß sich der Parteivorsitzende und seine Genossen nun pflichtvergessen und abtrünnig auf selbige Verfassung vereidigen lassen. Für einen PDS-Minister – so muß der Parteivorsitzende gedacht haben – wäre der Vorwurf, ein Renegat zu sein, schädlich; deswegen mußte da eine Klarstellung erfolgen. Und er hat ja recht.

Für eine Systemopposition, die die Demokratie überwinden will, müssen situative Haltungsschäden wie eine vorübergehende Vereidigung auf die Demokratie in Kauf genommen werden; das müssen auch die einfachen PDS-Mitglieder verstehen, sonst könnte man die Demokratie nicht ausnutzen, um schlußendlich zum anderen System, zum PDS-System zu kommen. Bei diesem anderen System soll es sich wahrscheinlich um das alte DDR-System handeln, das sich zunächst der neu erschlossenen, demokratisch erwirtschafteten Finanzquellen aus dem Westen bedient; etwas anderes ist jedenfalls bisher nicht bekannt geworden. Verblüffend offen in der Erklärung des Parteivorsitzenden ist der Hinweis auf die »Gesellschaft, durch die wir erst einmal hindurch müssen«. Wir alle kennen die stahlharte Redensart, wenn unliebsame Zustände sich auftürmen: »Da müssen wir durch.«

»Diese Gesellschaft« – es handelt sich um die Gesellschaft der alten Bundesrepublik – ist dem PDS-Vorsitzenden unbequem, er möchte sie so bald als möglich hinter sich lassen. Keine Frage, daß das möglich ist – eine demokratische Gesellschaft läßt sich auch auf demokratischem Weg annullieren, die Deutschen haben das schon einmal praktiziert. Es ist in unserem Gedächtnis aufbewahrt, wie Zug um Zug wichtige Positionen in der Gewaltenteilung, formal durchaus verfassungsgerecht, mit Personen besetzt werden können, die dann im entscheidenden Moment die Demokratie beenden.

Die offene Zivilgesellschaft ist zunächst einmal eine streitbare – so ist sie angelegt. Interessen- und Meinungskonflikte sind die Basis ihrer Produktivität und ihrer kulturellen Entwicklung. Es sind nur wenige soziale Normen, geschrieben oder ungeschrieben, die die immer wieder neu auszutarierende Balance zwischen Individuum und Gesellschaft regeln, die zwischen Egoismus und Altruismus vermitteln. Dazu braucht es allerdings gestandenes Personal und keine vordemokratischen Hasenfüße, die vor der Auseinandersetzung mit Demokratieüberwindern kuschen.

Bisher hat sich westdeutsche Demokratie und ihre soziale Marktwirtschaft national und international recht gut behaupten können. Durch diese überaus vitale Gesellschaftsform wird der PDS-Vorsitzende mit seinen Parteigenossen hindurch müssen, um sie zugunsten seines anderen Systems abschaffen zu können. Wir werden sehen, ob es ihm gelingt, ohne sowjetische Panzer, von Mecklenburg-Vorpommern aus das Rad der Geschichte zurückzudrehen. Wir werden auch hören, ob sich die regierungsamtlich festgestellte »Zivilcourage« zu Wort meldet. Inzwischen werden der »normalen Vorgänge« immer mehr. Solche Phänomene können wir getrost Verostung der westlichen Demokratie nennen, wobei Verostung die westliche Bereitschaft ausdrücken soll, östlichen Experten des »Regimes«, der »Solidarität« und der »Mangelwirtschaft« Sitz und Stimme, Raum und Zeit zur Verfügung zu stellen. In der einen oder anderen Weise fällt die Masse ostdeutscher Wähler unter eine dieser drei Kategorien. Ob sie nun schlimmstenfalls tätige Folterknechte und willige Befehlsvollstrecker oder egoistisch-solidarische Umverteiler von »Volksvermögen« oder sorgsam ihre

Arbeitskraft Zurückhaltende waren, Bruchpiloten der erfolglosen DDR-Sozialisation waren sie alle.

Nun bietet ihnen der förderative Aufbau alle Chancen, östlich inspirierte Politik mit westlichen Transfers weiter zu betreiben. Im öffentlichen Sektor werden unerschrocken Tausende von neuen Stellen ausgewiesen, und nach zehn Jahren noch wird jede Kritik an dem finanziellen Füllhorn, das sich über die neuen Länder ergießt und dort zu den kommoden Lebensformen auf Kosten des sozialen Netzes führt, erbittert zurückgewiesen.

Das Argument, die Transfers flössen in den kapitalistischen Westen zurück, und die Aufregung über ihre astronomische Höhe sei daher unnötig, ist völlig unsinnig – wohin sonst sollen sie denn fließen? Das Argument stellt implizit die Behauptung auf, die Transfers würden unangetastet zurückgegeben, und dabei wird in typischer Ostlesart gerne übersehen, daß dafür Waren gekauft werden. Ob es sich dabei um Maschinen, Dachziegel oder Bananen handelt, ist zunächst völlig gleichgültig. Auch wenn die Transfers verdoppelt würden, würde sich daran so lange nichts ändern, bis die Ostdeutschen für sich selber sorgen können, und darauf wartet die Welt schon seit Jahrzehnten. Gleichwohl besteht weiterhin der Verdacht, der Westen bereichere sich an den Transfers. Diese Vorstellung, die inzwischen auch im Westen weit verbreitet ist, speist sich aus aberwitzig unsinnigen Ideologievorräten. Die schlichte Tatsache, daß die Warenproduktion in Westdeutschland kapitalistisch organisiert ist, verführt zu der Überzeugung, der Unterhalt Ostdeutschlands sei kapitalistisches Teufelswerk. Daß westdeutsche Unternehmen nur dann Waren in den Osten liefern können, wenn sie auch bezahlt werden, da in den Betrieben Menschen arbeiten und deshalb auch Löhne und Betriebskosten anfallen, gerät völlig aus dem Blickwinkel. Daß die staatlichen Transfers, die diese Alimentation überhaupt erst ermöglichen, aus Steuergeldern und Kreditaufnahmen finanziert werden, fällt den Kritikern schon gar nicht mehr ein. Und daß es sich bei diesen Transfers um das kostenintensivste staatliche Beschäftigungsprogramm aller Zeiten handelt, übersehen gerade diejenigen, die selbst diese Gelder aufbringen.

Der Westen käme aus dieser Argumentationsfalle nur heraus, wenn er alle seine Leistungen gleich als Geschenk darbieten würde. Nur wenn er auf Finanzexport gänzlich verzichtete und mit einer bürokratisch gesteuerten Rundumversorgung den Bürgern im Osten mit allen erdenklichen Gütern zu Gefallen wäre, ließe sich der Vorwurf des Rückflusses der Transfers entkräften. Damit wäre man wieder bei der völlig irrationalen Konzeption des Geschenks, das in der für die DDR-typischen Fassung von »Solidarität« solche Bedeutung hatte: Geschenk ist nur, was sich als fortwährende leistungsfreie Bereicherung verstehen läßt. Wer letztendlich die Bereicherung erwirtschaftet, bleibt ungefragt, und es ist zu befürchten, daß die Anhänger dieser These tatsächlich glauben, sie komme vom Himmel, obwohl sie doch in Wirklichkeit aus dem Westen kommt.

Man kann auch anders fragen: Müssen die offene Gesellschaft und das System der Demokratie da durch?

23. Freiheit und Gleichheit – ein Ausblick

Betrachten wir die Gegenwart, müßte einem nicht bange werden, daß es mit der inneren Einheit nichts würde, nein, im Gegenteil, sie gewinnt Konturen.

Wenn die westdeutsche Sozialdemokratie nichts dabei findet, mit der PDS, die ja selbst ein Kind der hybriden Vereinigung von KPD und SPD ist, zu koalieren, wenn die CDU sich im Westen wie im Osten mit von der Sache her erwartbaren Kommentaren zurückhält und vor den alten Kadern in den eigenen Reihen und denen der PDS strammsteht, wenn die sogenannten gesellschaftlichen Gruppen, die veröffentlichte Meinung nicht mit Entsetzen reagiert, daß bundesdeutsche Verfassungsorgane mit den auf ganzer Linie gescheiterten Kadersozialisten des alten DDR-Systems besetzt werden, und wenn schließlich die öffentliche Meinung nichts dabei findet, daß die Peiniger und Versager von gestern damit beginnen, die Geschicke der ostdeutschen Länder, aber auch die der Bundesrepublik im formalen Gehäuse der freiheitlichen Demokratie insgesamt mit zu bestimmen und zu entscheiden – dann kann diese Leisetreterei zweierlei bedeuten.

Es könnte heißen, daß die vielbeschworene Mauer in den Köpfen nach wie vor unüberwindlich hoch ist und die Deutschen in Ost und West sich immer noch weigern, mit ihrer Geschichte ins reine zu kommen. Das wäre dann in erster Linie westdeutscher Duldsamkeit geschuldet, weil die Westdeutschen qua materialer Erfahrung demokratisch-rechtsstaatlicher Tradition und ihrer materiellen Überlegenheit durchaus die Möglichkeit hätten, eine solche Diskussion zu erzwingen. Sie tun es nicht. Vielleicht gibt es aber auch eine politische Indifferenz, die dazu führt, daß man sich der qualvollen Beschäftigung mit dem ostdeutschen Unrechtsstaat nicht wirklich widmen will, weil die moralischen und intellektuellen Ressourcen zur erneuten Aufarbeitung einer deutschen Diktatur gegenwärtig nicht mehr ausreichen, die zudem noch die DDR-typisch objektivistische Negation des Hitlerfaschismus umfassen müßte. Aus westdeutscher Sicht wäre damit die Behandlung des Vereinigungsthemas »Demokratie« erst einmal auf später, also auf den Sankt-Nimmerleins-Tag verschoben. Das wäre eine »Erschöpfungsthese«.

In Ostdeutschland ist die Vorstellung, in einer schandbaren Diktatur gelebt oder ihr gar gedient zu haben, wegen der seit 1953 andauernden allseitigen und notorischen Erschöpfung gegenwärtig ohnehin nicht sonderlich verbreitet. Ohne jeden Zweifel werden nachwachsende Generationen sich später einmal der Frage der Wertekorruption stellen. Inzwischen gingen die wenigen DDR-Kritiker und Bürgerrechtler, die heute die Nerven hätten, sich beständig zu Wort zu melden, das Risiko ein, in der öffentlichen Wahrnehmung in Ost und West als unheilbare Querulanten zu gelten.

Andererseits könnte es sich aber auch genausogut umgekehrt verhalten: Die vielbeklagte Mauer in Köpfen und Herzen bricht inzwischen ebenso zusammen wie ehedem ihre monströse Betonschwester.

Dann wären die Deutschen insgesamt der Ansicht, es sei richtig, dem SED/PDS-Personal wie auch anderen demokratiefernen Kräften aus dem Osten staatliche und gesellschaftliche Verantwortung zu übertragen, sie fürchteten sich nach nur zehn Jahren nicht mehr, im Verlauf der politischen Entwicklung mit Einschränkungen ihrer persönlichen Freiheit und Bevormundung bestraft zu werden, sie hielten die Sorge vor der Wiederkehr gescheiterter realsozialistischer Beglükkungsversuche für entbehrlich. Die demokratieerprobten Westdeutschen zumal – im Kalten Krieg auf Freiheit getrimmt – müßten glauben, daß ihnen aus dem Osten nichts Böses mehr widerfahren könne. Das wäre eine politische »Willfährigkeitsthese«. *Anything goes.*

Diese These wäre ein erstaunliches Phänomen der Vereinigungsbereitschaft gerade im Westen Deutschlands, der häufig genug der dominanten Arroganz gegenüber dem Osten geziehen wird.

Was also ist richtig – wachsen Ost und West wirklich »willfährig« zusammen, oder ist es nur die »Erschöpfung« der westdeutschen Öffentlichkeit im Verbund mit der Schwäche der ostdeutschen Kritiker, die der sukzessiven Wiederbelebung der ostzonalen Wirklichkeit kein Paroli bieten können?

Zur Beantwortung dieser Frage gibt es Hinweise des Meinungsforschungsinstituts Allensbach, welches über Jahrzehnte Untersuchungen zur Frage der Bewertung von Freiheit und Gleichheit im Westen und nach der Einigung auch in Ost und West durchgeführt hat.

Die Westdeutschen hatten bis 1994 eine kontinuierlich steigende Akzeptanz der Bedeutung der persönlichen Freiheit, die gegen den Staat zu verteidigen wäre, zu verzeichnen, Gleichheit rangierte dementsprechend graduell geringer. Im Frühjahr 1998 überraschte das Institut Allensbach mit einer Trendwende.

Die Westdeutschen, die noch 1994 zu 60% für die erstrangige Bedeutung der Freiheit plädierten, erkennen nur noch zu 47% deren Priorität. Hatten 1994 immerhin 36% der befragten Ostdeutschen dem Staatsziel der persönlichen Freiheitssicherung zugestimmt, sind es 1998 nur noch 25%. Umgekehrt steigen die Forderungen nach Gleichheitssicherung in Ostdeutschland von 50 auf 60% und in Westdeutschland von 30 auf 42%. Frau Noelle-Neumann vom Allensbacher Institut schließt daraus: »Die Kluft zwischen Westdeutschen und Ostdeutschen ist dabei, sich zu schließen durch Anpassung der Westdeutschen an die Empfindungswelt der Ostdeutschen.«

Eine bedenkenswerte und voraussetzungsvolle These, bedeutet sie doch nicht weniger, als daß mit dem Zusammenbruch des real existierenden ostdeutschen Sozialismus das ihn betreibende Personal, also die Millionen Menschen, die das sogenannte System und die gesamte Deutsche Demokratische Republik am Leben hielten, während sie schon ihr Grab aushoben, sich nach wenigen Jahren unter demokratischen Rahmenbedingungen ihrer herkömmlichen »Empfindungswelt« der »Gleichheit« reuevoll wieder zuwenden.

Aber mehr noch, eben dieser östlichen »Empfindungswelt« sollen sich nun die Westdeutschen nach dem Debakel der ehemaligen Deutschen Demokratischen Republik annähern wollen? Das wäre kurios, wenn nicht gar grotesk. Wer würde schon den sicheren Untergang wollen? Wonach also fragt Allensbach?

Freiheit und Gleichheit durchziehen thematisch die Geschichte des christlichen Abendlandes, die im Evangelium niedergelegte Bestimmung des Menschen zur Freiheit und seine Gleichheit vor Gott ist durchgängig die Triebfeder der abendländischen Entwicklung.

Freiheit und Gleichheit, dazu gehört noch Brüderlichkeit, sind seit der Französischen Revolution im Alltag und politisch hoch geladene Begriffe, die die Freiheit vor und von feudalistischen Thronen, die Gleichheit vor dem Gesetz und die brüderlich-solidarische Hilfe im Fall ungerechtfertigter Benachteiligung meinten. Seither sind zweihundert Jahre vergangen, und juristisch sowie rechtspolitisch stehen die genannten Maximen in der zivilen Demokratie nach wie vor an erster Stelle der Tagesordnung.

Die Trias dieser politischen Ziele vermittelt seither in den westlichen Demokratien den Interessenausgleich zwischen Individuum und Gesellschaft. Es ist freilich nur schwer vorstellbar, daß diese historisch-revolutionären Bestimmungen in den Allensbacher Interviews heute in West und Ost in gleicher Weise abgefragt werden können, denn während Westdeutschland nach zwölf Jahren Nazi-Herrschaft mit massiv-nachdrücklicher Unterstützung der westlichen Alliierten zur Demokratie zurückgeführt wurde, hatte Ostdeutschland insgesamt 56 Jahre Diktatur hinter sich zu bringen, bevor auch im Beitrittsgebiet die Verfassung der Bundesrepublik Gültigkeit erlangte. Hat sie deswegen schon Geltung erlangt?

Da sich die Befragungen von Allensbach nicht an Verfassungsrechtler und Politologen, sondern an die Menschen auf der Straße wenden, hat die jeweilige Präferenz für Freiheit oder Gleichheit im Osten mit hoher Wahrscheinlichkeit eine andere Bedeutung als im Westen. Daher sind gleichsam säkularisierte Antworten und situative Stimmungsbilder zu erwarten, die sich von der demokratietheoretischen Fundierung abgelöst haben. Es wird also nach der jeweils privaten Neigung gefragt, welche Kategorie besonderer Fürsorge bedürfe. Und in ebendiesem Sinne ist die von Allensbach beobachtete Trendwende beachtlich.

Im Westen läßt sich die Differenzierung zwischen Freiheit und Gleichheit vor dem Hintergrund der weiterbestehenden Trias (Freiheit, Gleichheit, Brüderlichkeit) durchführen, denn deren normativer Anspruch ist über die Jahre in der alten Bundesrepublik durchgängig erhalten geblieben und stand niemals zur Disposition. Im Osten ergeben sich andere Voraussetzungen. Mit dem Zusammenbruch der sozialistischen Gemütlichkeit war wirklich keineswegs geklärt, ob die sozialen Deutungsmuster, die sich in diesem Sozialismus herausgebildet, ihn getragen und auch zu Fall gebracht hatten, schon erledigt seien. Und wir alle sollten daran zweifeln.

Politisch und programmatisch war in der Deutschen Demokratischen Republik alles auf die Heilserwartung des Kommunismus abgestellt, der vor allen Dingen Fleiß, Kritik und Selbstlosigkeit erfordert hätte. Diese Option blieb virtuell, mit anderen Worten unerfüllt. Es gab zwar viele aufrichtige Menschen, die diesem Ziel ihre Lebenszeit geweiht hatten, es gab aber auch ein erkleckliches Potential von Menschen, vor allem unter den Nachgeborenen, die in dem ihnen offerierten realen Sozialismus die Möglichkeit der Ruhe und Behaglichkeit entdeckten; den »sozialistischen Gang« nannte das Wolf Biermann im Jahre 1976 einmal sarkastisch. Zehn Jahre später war aus dieser gemächlichen Gangart schon ein unbeholfenes Torkeln geworden.

Das DDR-Volk war bekanntlich den moralisch und intellektuell hinfälligen Herrschaften vollständig entglitten, es fügte sich in die diffuse Wärme des »Systems«, in eine schmale Bandbreite der realsozialistischen Lebensform ein, die bei allem Gezeter und hoher Klagefrequenz doch den Gleichklang der Lebensentwürfe und Chancen zu goutieren verstand. Die ursprünglich anvisierte gesellschaftliche Arbeit hatte sich weithin zu einer geselligen Veranstaltung gemausert. Im Gegenzug wurde die soziale Verantwortung und mit ihr die Freiheit ganz und gar dem Staat oder besser der Partei überantwortet; nun konnte niemand mehr verderben, für jeden schien gesorgt, bis das Torkeln sich zum Stürzen dramatisierte. Dem Zusammenbruch folgte nach kurzzeitiger Ernüchterung (»Wir sind das Volk«) ein erneuter Rausch, denn der Osten schien im Schlaraffenland angekommen (»Wir sind ein Volk«).

Doch auch diesem Bacchanal folgte ein »empfindungsweltlicher« Kater: Nachdem der Anschluß an die Konsumwelt des Westens geglückt und alle spontan gespendeten Mittel aufgezehrt waren, erwies sich das Leben als doch sehr beschwerlich. Hatten die DDRler schon den Aufbau des Sozialismus zur Illusion gestaltet – auf den realen Aufbau ihrer Landesteile im Osten der Bundesrepublik waren sie nun schon gar nicht vorbereitet. Aus behaglicher Beschäftigung beim Kombinat wurden »Kurzarbeit Null« oder gar vollständige Arbeitslosigkeit. Nun galt es Anträge und Formulare auszufüllen, um an das Geld zu kommen, das im Sinne der Gleichheit jedem Bürger zuvor von der Partei nachgetragen wurde. Wollte man aber einen wirklichen Arbeitsplatz, wurde das allzuoft von persönlicher Leistungsbereitschaft abhängig gemacht. Das war entschieden ungewohnt und nicht einzusehen.

So wie die Deutsche Demokratische Republik nicht müde wurde, sich selbst ständig zu bejubeln, und Jahr für Jahr ihren Geburtstag mit Paraden feierte, herrschte auch im Volk beständige Geburtstags- und Feierstimmung. Ehe man sich versah, war das Plansoll schon wieder übererfüllt, die Norm war schon wieder übertroffen. Die Veralltäglichung des Heldentums, die unentwegte Belobigung und Auszeichnung, Würdigung und emphatische Zustimmung zu jeder Tätigkeit schufen ein Klima der allgegenwärtigen Beschönigung, in dem das mindeste noch der Hervorhebung wert war: Fast ein jeder durfte sich als Held der Arbeit fühlen oder als Mitglied eines Kollektivs von produktiven Bannerträgern und Weltenstürmern. Kein Gedanke, keine Lernfähigkeit beim »System«, keine Überlegung bei den oftmals personalidentischen Nutznießern, wie dieser schon halbwegs paradiesische Zustand auf Dauer hätte gestellt werden können. 40 Jahre existentieller Sorglosigkeit – man stelle sich das vor. Jenseits des politischen Systems hatten sich damit die menschenmöglichen Erwartungen und Fähigkeiten auf einen vom »System« finanzierten lebenspraktischen Existentialismus reduziert und mit dessen umfassendem Konkurs ihr Ende gefunden. Gleichheit.

Wer die Kirche samt Turm so weit aus dem Dorf rückt, büßt schnell den ohnehin eingeschränkten Überblick völlig ein und hält es für richtig und geboten, wenn noch die schlampigste Erfüllung von Pflichten sich der heroischen Pose bedient. Die selbsternannten Helden von 1989, die in zusammenbrechenden Häusern ohne intakte Dächer samt Ungeziefer in wurschtiger Gleichheit wohnten, stehen in dieser Tradition und reiben sich angesichts der alles Heldische entbehrenden Realität der bundesrepublikanischen Gesellschaft entrüstet die Augen. Die im Westen weithin geläufige Überzeugung, daß in der Freiheit jeder seines eigenen Glückes Schmied sei, stieß auf Empörung.

Noch in jeder Klage über die Mißachtung der Lebensleistung der DDR-Bürger vibriert der Ärger über den freiheitlich-westlichen Lebensentwurf, der eher danach fragt, was jemand tut, als daß er schon das schlichte Existieren bemerkenswert fände. Und die schlichte Existenzweise war bei aller Gleichheit abgrundtief heruntergekommen.

»›Aber er hat ja nichts an‹, sagte endlich ein kleines Kind«, so heißt es im Andersenschen Märchen von des Kaisers neuen Kleidern; ein Satz, der mit kindlich scharfsinniger Präzision herrschaftliches Gepränge, Eitelkeit und Verlogenheit dekuvrierte und die Schönheit vermißte. In der Deutschen Demokratischen Republik hätte dieser Satz nicht gesprochen werden können, denn statt den Kaiser zu betrachten, hätten sich die volksdemokratischen »Bürger« in ihrer Verwahrlosung selbst ins Gesicht schauen müssen. Das taten sie nicht, aber wann immer sie zusammen waren, erkannten sie ihre Gleichheit und die Gleichheit ihrer Lebensentwürfe, die Eheschließung, um eine Zwei-Raum-Wohnung zu ergattern, den Parteilehrgang, um diese oder jene Position besetzen zu können, und die »Solidarität«.

Mit anderen Worten, es hat in der Deutschen Demokratischen Republik auch außerhalb des sogenannten »Systems« ein Leben gegeben – ein Leben allerdings, das sich dem System in Gleichheit anpaßte zwischen Wollen und Tun und Anspruch und zweckgerichteter Wirklichkeit. Kinder sind dort erwachsen geworden, haben geheiratet und Kinder in diese Welt gesetzt; Lebensverläufe und Berufskarrieren haben sich unter der Beachtung der Maxime der sozialen Gleichheit vollziehen müssen. Alles verheerend gescheitert.

Diese zwischenmenschliche Gleichheit fand ihren Höhepunkt, als die revolutionären Helden beim Durchstöbern der Regierungssiedlung Wandlitz auf westliche Pornographie und schottischen Whisky stießen. Das kannten sie alles – vor dieser Verderbnis waren sie immer gewarnt worden und hatten nun die Freiheit, sich ihr zu überantworten. Bleibt nur die Frage: Was ist mit all den Wirklichkeitsempfindungen, was ist mit den Deutungen der realen Welt passiert? 40 Jahre DDR-Halluzination können nicht einfach ausgelöscht werden durch die plötzliche Realität bürgerlicher Freiheit. Nein, die Vorstellung, man habe in einem wunderbaren Land gelebt, wo jeder dem anderen gleich war, und man wisse gar nicht mehr, warum man es verlassen habe, liegt nahe. Man kann vermuten, daß die Deutungsmuster und »Empfindungswelten« der Ostdeutschen einen Bestand haben, der über die Wendegenerationen vermittelt wird und dann erst im Vergehen dieser und ihrer Nachfolgegeneration verschwindet. Das Umfrageergebnis, das für den Osten eine Wiederentdeckung des Gleichheitsprinzips feststellt, kann daher kaum verwundern, nachdem mit dem Beitritt zur Bundesrepublik Deutschland alle Töpfe des Länderfinanzausgleichs und alle Förderprogramme des Aufbaus Ost gesichert sind. Die Versorgung geht weiter, alles mehr oder weniger wie gehabt und bewährt. Dementsprechend steigen die Zustimmungsraten zu Aussagen wie: »In der Deutschen Demokratischen Republik war nicht alles schlecht« oder noch zwingender: »In der Deutschen Demokratischen Republik war vieles besser.«

Freiheit doch nur Reisefreiheit? Wie aber soll man die jäh aufbrechende Tendenz zur Gleichheit im Westen verstehen?

Mit Gründung der Bundesrepublik Deutschland stand »Freiheit« immer im Brennpunkt der politischen Auseinandersetzungen und andauernder öffentlicher Diskussionen. Neben dieser umkämpften Diskursebene wurde im Rahmen der sozialen Markwirtschaft, vor allem von den Tarifparteien, die Durchsetzung von gesellschaftlicher Gleichheit im Arbeitsleben in Angriff genommen, Ungleichheiten vergangener Zeiten verloren Zug um Zug ihre Bewandtnis.

In den ausgehenden 60er Jahren stellte die Studentenrevolte in Westeuropa, aber vor allem für die Bundesrepublik, dieselben Fragen erneut. Freiheit wurde vom rechtsförmig garantierten zu einem individuell durchzusetzenden folgenreichen Begriff. Generationen begannen das Grundgesetz zu lesen und ihre nachkriegstypisch apolitische Haltung aufzugeben. Die Zivilgesellschaft begann zu atmen. Gleichheit überwand ihre rechtliche Einbettung und veränderte sich zur formenreichen Chancengleichheit: Das gesamte Bildungssystem wurde vom Kindergarten über die Schulen bis in die Betriebe und Universitäten umgekrempelt. Die damals so genannten Bildungsreserven aus zuvor unterprivilegierten Schichten wurden mobilisiert und erhielten Zugang zu Bildung und Qualifikation.

Solidarität fand sich in ungezählten Bürgerinitiativen, die sich mit der unbeweglichen Administration um bürgerliche Freiheit stritten – Anlässe gab es genug. Bürgersinn organisierte sich expertenhaft, jenseits der offiziösen Sphäre etablierten sich Gruppen von Sachverständigen, deren Gutachten und Überlegungen nicht mehr an die Seite zu schieben waren. Dieser erneuerte Dreiklang von Freiheit, Gleichheit und Brüderlichkeit schuf der Bundesrepublik einen enormen Zuwachs an Veränderung, Modernität, Mobilität und ein soziales Klima, das den damaligen Bundeskanzler Helmut Schmidt vom »Modell Deutschland« sprechen ließ. Das war sicherlich im Gefühl des berechtigten Stolzes gesprochen, die Bundesrepublik sei seit Kriegsende zu einem demokratisch-marktwirtschaftlichen Gemeinwesen mit einem weltweit bewunderten Sozialsystem herangewachsen. Dieser Stolz mag den Blick dafür getrübt haben, daß Modelle ihre Tauglichkeit unter Alltagsbedingungen erst noch zu beweisen haben, denn es gab durchaus auch systematische Trends, die absehbar in Sackgassen führen würden. Entwicklung und ziselierter Ausbau des Sozialstaats haben ihren Grund in der Entschärfung und Beseitigung gesellschaftlicher Konflikte und leiten damit quasi automatisch eine Entpolitisierung des umstrittenen Terrains ein und bezahlen dies einerseits mit der Münze der Verantwortungsübernahme und andererseits mit der demokratisch nicht vorgesehenen Bevormundung. Das muß nicht heißen, daß Freiheit und Gleichheit als stumpf gewordene Vorstellungen unter den gedeckten Tisch fallen würden, nein, im Gegenteil, den westdeutschen Regierungen wurde allemal zugetraut, Freiheit und Gleichheit garantieren zu können.

Eine dieser Sackgassen ist gewiß das Thema der sozialen

Gleichheit. Die verfassungsrechtliche Garantie der Gleichheit, die in den 60er Jahren als Chancengleichheit politisch wahrgenommen und instrumentell erstritten wurde, scheint im Ausbau des Sozialstaats nach Jahrzehnten an Wirkungsmächtigkeit einzubüßen.

Chancengleichheit beispielsweise bietet die Gelegenheit, aus den formal unbeschränkten Möglichkeiten den biographischen Nutzen zu ziehen, und ist dabei an persönliche Anstrengung gebunden – dies aber nur so lange, wie sie unter Beweis gestellt werden muß. In der bildungspolitischen Debatte unserer Jahre ist dies immer und immer wieder Thema. Aus dem demokratietheoretischen Bestreben der Verbesserung der Lebensbedingungen bildet sich über kurz oder lang ein Anspruch heraus, an den verbesserten Lebensbedingungen umstandslos im Sinne materieller Gleichheit teilzuhaben. Ist eine solche Anspruchsberechtigung erst einmal festgeschrieben, handelt es sich um den Anspruch auf Gleichbehandlung durch Institutionen und staatliche Bürokratien, hinter denen die individuelle Freiheit in den Schatten tritt.

Wenn wir die erstaunlichen Ergebnisse der Allensbacher Befragung aus dem Jahre 1998 betrachten, kommen wir nicht umhin festzustellen, daß die Westdeutschen auf dem Weg sind, die Verfassungsziele Freiheit und Gleichheit zu separieren und nicht mehr als politisch-symbiotische Einheit zu verstehen. Angesichts des hohen Umfrageergebnisses für »Freiheit« von 1994 fragt man sich, was im Westen zwischen 1994 und 1998 passiert sein könne, um einen solchen Stimmungsumschwung zugunsten des Begriffs »Gleichheit« plausibel zu machen.

Es liegt nahe, auf die unmittelbare Gegenwart und Vergangenheit Bezug zu nehmen: Die Westdeutschen haben die Einigung gewollt und gewünscht. Sie kannten die Krise ihres eigenen Sozialsystems sowie die Herausforderungen der Rentenversicherung, die schon im Westen nicht mehr bezahlbar sein würde, und sie erfuhren, daß 16 Millionen Deutsche nun von ihnen zu finanzieren seien. 1989, kurz vor der Vereinigung, wurden sie unterrichtet, die bisher stetig angestiegene Staatsschuldenquote sei zum Stillstand gebracht worden. Gleich darauf explodierte die Staatsverschuldung erneut, weil die »Brüder und Schwestern« im Osten einen Lebensunterhalt haben mußten. Die als eigensüchtig geschmähten Westdeutschen verstanden, daß die Brüder und Schwestern zunächst einmal die Freiheiten ausprobieren wollten und urlaubsbedingt in ferne Länder ausschwärmten. Sie gönnten den Brüdern und Schwestern im Osten alle Transfers. Der Staatshaushalt schüttete indessen über ein Drittel seines Volumens in den sozialen Sektor aus, die Staatsquote kletterte auf über 50%, und jeder Westdeutsche hatte eine Ahnung davon, daß das nicht gutgehen konnte. Dennoch führten die spät angekündigten und zaghaft durchgeführten Reformen der Ausgabenpolitik zu erheblicher Beklommenheit.

Die angekündigten Reformen gewannen schnell die Gestalt einer Drohung – die damalige Opposition hatte dafür den Begriff der »sozialen Kälte« gefunden –, und die Billionentransfers in den Osten wirkten in der westdeutschen Bevölkerung mittlerweile psychisch und politisch so demoralisierend, daß auch im Westen der Glaube genährt wurde, der Staat sei eine unerschöpfliche Versorgungsinstitution, die sich nun aus ihrer Verantwortung schleichen wollte.

Zu diesem Befund gibt es viel erbitterte Rhetorik, dennoch spricht der 1998 festgestellte Zuwachs an Gleichheitsstimmung im Westen eine deutliche Sprache. Die Vorstellung, die »Staatsknete« sei da und werde nur ungerecht verteilt, gewinnt auch im Westen Appellcharakter. Wenn sich zeigen sollte, daß die Entwicklung zum Vorrang der sozialen Gleichheit stetig fortschreitet, wäre das ein harter Brocken für die demokratische Entwicklung Deutschlands, denn dann müßte dieses geplagte Land ohne die tragende Säule des selbstbewußten Staatsbürgers auskommen, der seine Autonomie gegen die Zumutungen des Staats verteidigt, wie er dessen Hilfeleistungen für den Notfall gemeinsinnig einbaut und in Anspruch nimmt. Auf diese Weise reduzierte sich der Staatsbürger auf ein Wesen, das der freien Entscheidung gar nicht mehr bedürfte und nur auf die Gleichheit von Versorgungschancen erpicht wäre – eben das DDR-Modell.

Die kulturelle Idee der Individuierung hätte an Verzauberungskraft verloren, damit wäre möglicherweise eine für das westliche Nachkriegsdeutschland bedeutsame Entwicklungslinie zum psychosozialen Erstickungstod bestimmt. An Stelle der vormals zum Ziel genommenen Verheißungen des individuiert-autonomen Lebensentwurfes treten jeweils individuell und in Freiheit beschlossene Lebensentwürfe, die sich dem Management des fürsorglichen Staates anvertrauen, so wie sich mancher in Urlaubszeiten in die Hände erprobter Animateure begibt, um dem Risiko verpatzter Ferientage zu entrinnen. Da treffen die »Empfindungswelten« in Ost und West möglicherweise inzwischen tatsächlich zusammen.

Dieser Frage wird sich die deutsche Gesellschaft stellen müssen. »Feines Schweigen«, wie das der Historiker Fritz Stern nennt, wird sowenig weiterhelfen wie demokratisch-libertinäre Passivität. In einer Diskussion zu diesem Thema wurde ich ernsthaft gefragt, ob ich genetische Unterschiede zwischen DDR-Bürgern und Westdeutschen unterstellte, ob wir nicht alle Deutsche seien? Bei allem Respekt vor den Genen und der Genetik – es gibt noch andere verhaltensbestimmende Variablen wie die Sozialisation, die Einübung und Durchsetzung kultureller Muster und Werte. Und das hat nun einmal die Gesellschaft zu leisten. Die Deutsche Demokratische Republik ist an diesem Auftrag, wie an allen anderen auch, gescheitert. Wenn daher immer wieder mahnend davon die Rede ist, nach der Vereinigung werde auch die alte Bundesrepublik nicht mehr dieselbe sein, geschweige denn, das vereinte Deutschland werde mit ihr größere Ähnlichkeit haben, sollten wir aus den Sorgen nicht mehr herauskommen. Denn welcher Einfluß auch immer von der Deutschen Demokratischen Republik auf den Westen ausgehen kann, er kann nur von Übel sein.

Mit der Vereinigung der beiden Teile Deutschlands sind wir Deutschen unerwartet in den 90er Jahren auf einen politisch-intellektuellen Zustand von 1945/49 zurückgeworfen worden. Es geht um die demokratische Wurst. Diktaturerprobte Vorstellungswelten und Handlungskonzepte von etwa 16 Millionen Menschen treffen auf eine mühsam erlernte und gewachsene Demokratie, die von etwa 60 Millionen Westdeutschen gelebt wird, die sich der Einfachheit halber den Sirenenklängen aus dem Osten schon zuwenden und nicht ahnen, was ihnen blüht.

Dieser nicht vorherzusehende Rückgriff auf die Historizität deutsch-fataler »Empfindungswelten« verlangt nach ziviler, aber auch politischer Courage, die dem Geist des Restauratismus Widerstand entgegensetzt. Die Bundesrepublik ist mit einem im wesentlichen von der Sozialdemokratie bestimmten Geschichts- und Gegenwartsspiegel recht gut gefahren.

Freiheit, Gleichheit und Brüderlichkeit müssen nach 1989 abermals erobert werden. Die freiheitliche Demokratie steht erneut zur Debatte.